LAS GUARDAS

JAVIER SÁNCHEZ MENÉNDEZ

LAS GUARDAS

[Cuadernos del Sur]

LA ISLA DE SILTOLÁ 2024 LEVANTE

© Javier Sánchez Menéndez
© de la fotografía del autor: Jaime Sánchez Martín

© 2024: Ediciones de la Isla de Siltolá
Apartado de Correos: 22.015
41018 – Sevilla
www.laisladesiltola.es • editorial@laisladesiltola.es

Impresión: Kadmos

ISBN: 978-84-19298-36-2 • DL: SE 1395-2024
IBIC: DSC • THEMA: DSC

[Impreso en España]

Este libro está dedicado a todos los lectores, colaboradores y coordinadores que, a lo largo su historia, han hecho realidad el suplemento literario Cuadernos del Sur, del Diario Córdoba.

En él se incluyen algunas de las columnas publicadas en el suplemento entre 2013 y 2024.

Guarda: *Cada una de las dos hojas de papel blanco que ponen los encuadernadores al principio y al fin de los libros.*

RAE, *Diccionario de la Lengua Española*

JULIO MARISCAL MONTES

Los mejores poemas de Julio Mariscal Montes (Arcos de la Frontera, Cádiz, 1922-1977) permanecen inéditos. Los herederos deberían consentir que lo magistral y más sublime del poeta de Arcos saliera a la luz. Es como una larga sombra que planea sobre la obra de Julio.

Arcos de la Frontera es un municipio donde la poesía se afianzó gracias a los versos de un joven que mantenía buena relación con escritores, y una intensa actividad en las revistas literarias. Sus allegados, y también poetas, descubrieron que la poesía de Julio era capaz de oscurecer las propias. Y, aunque le alababan en público, a hurtadillas taponaban una creación que espiraba verdad y pureza.

No logro descifrar la diferencia entre la buena voluntad manifestada y las zancadillas que le pusieron a Mariscal Montes durante toda su vida. Las lágrimas y el llanto eran de cocodrilo, y el conocimiento escaso.

Los mejores versos de Julio Mariscal siguen sin ver la luz. Un error que debe corregirse. Aunque antes se tenga que poner en su sitio a más de uno con la simple lectura. Aquellos que dificultan y empañan la obra de Julio deben leer a Julio. Pero deben leerlo sin considerarlo un enemigo, admirando los poemas con el propio amor que el poeta siempre manifestaba.

Corral de muertos, primer libro publicado en 1953 (que aparece en edición ampliada en 1972) deja sentadas las bases de la cátedra poética de Mariscal Montes. Nos dice el poeta para que se cumpliera tu hermosura. Y la hermosura se culminó en libros posteriores, en *Pasan hombres oscuros* (1955), el poeta desvela su deseo: *Y desde aquí me supe, / abrazado a tus ojos para siempre, / que el quererte era más que una moneda / lanzada al "cara o cruz" del desearte.*

Desde que falleció Julio Mariscal Montes allá por el año 1977, en Arcos de la Frontera dejaron de existir los poetas, no hay más poetas que Julio, cuya sombra sigue vagando por la calle Corredera.

LA AGONÍA DE FUENTEPIÑA

Muere Fuentepiña entre la desgana y el descrédito. Mientras los políticos se empeñan en colgarse medallas y en ilustrar el año de *Platero* con logotipos absurdos e innecesarios que se presentan en Madrid ante la presencia de inútiles, Juan Ramón Jiménez pierde Fuentepiña. Y con el poeta de Moguer también se pierde en la humanidad.

El Ayuntamiento de Moguer, La Diputación de Huelva, La Junta de Andalucía, la Fundación Zenobia-Juan Ramón y la propietaria de la finca deben sentarse con urgencia. Es algo necesario que requiere un entendimiento. Fuentepiña arde a manos de ocupas, y vacía un contenido inexistente por la inutilidad de los ignorantes.

¿Para qué sirve la política en la Cultura? Solo para elevar a un pulso siniestro unos intereses que el ciudadano no acepta y la historia de nuestra literatura ve agonizar. No queremos medallas, precisamos de medidas y de ejecución en los actos reales, nunca efímeros ni partidistas. Fuentepiña debe salvarse.

Los políticos involucrados en el caso tienen que reflexionar. Olvídense de los votos por un momento. No pierdan el afecto a Juan Ramón Jiménez y a Platero, tengan en cuenta Fuentepiña y pongan en manos sabias su salvación. Si la política no entiende de poesía y se utiliza tan solo para validar aquello que nunca será considerado como necesidad, ¿qué hace un político hablando de Juan Ramón?

El dinero no lo es todo aunque pese. Pero más solidez presentan los cimientos que forjaron Fuentepiña en el pasado, e hicieron de ella el lugar y el destino del burro Platero. Junto al árbol centenario Juan Ramón enterró su obra universal.

Con el dinero que han gastado en presentar un logotipo del año de Platero y todo lo que ello lleva consigo, se hubiera salvado Fuentepiña. Siéntense por favor. Y háganlo ahora, que mañana es tarde.

Y, por favor, después, dejen de hablar de Juan Ramón con la boca grande, háganlo bajito, muy bajito.

PREMIOS

Antes resultaba un acontecimiento, ahora una disputa. En el pasado reinaba la ilusión, en el presente pervive la discordia. Que otorguen un premio literario a un autor ya no supone ningún reconocimiento, ni siquiera esa flor natural que tanto adornaba las vitrinas de la estantería.

Los premios se amañan. Los jurados, que nunca serán sabios, son bipolares. Cara a la galería defienden lo indefendible, en casa otorgan privilegios para obtener recompensas futuras.

No se sorprendan si hoy obtiene un galardón X, que tiene la ventaja de acudir el próximo año como miembro del jurado, y en la próxima edición el vencedor es el amigo de X. Hoy por ti y mañana por mí. Los jurados también suelen constituirse por algo denominado afinidad. Lo afín es ruin, lo miserable nunca será comprensible.

Los certámenes se controlan. Hay individuos que poseen relaciones indeterminadas de premios: cuantía, edición, plazo de entrega, copias, plica… ¿Conocen a alguno? Seguro que sí. A todos nos vienen a la cabeza nombres y apellidos, amistades, llamadas de teléfono, emails muy sinceros y muy devastadores.

En el fondo esto es como lo del negro de Cela (que se llamaba Llompart y era de Mallorca), lo conocía Lara, hasta hablaba con él para indicarle la argumentación que más salida podía tener en el mercado editorial.

Salvo honrosas excepciones la historia de nuestra literatura reciente es una farsa, un engaño. Unos aspiran a engrosar su cuenta corriente (la crisis hace estragos), otros a incluir líneas y líneas de galardones en su biografía. Los menos, aquellos que buscan una edición con honor y sinceridad. A estos últimos, suerte, lo tenéis muy difícil, nunca imposible.

Hoy me han regalado un ejemplar de *Desmontando a Cela* (2002). Un libro escrito por Tomás García Yebra. El interés radica en la curiosidad, simplemente. Lo siniestro es más sencillo y menos rebuscado. Es siniestro.

ÁNGEL GONZÁLEZ

Llevo varios días releyendo a Ángel González. La fuerza de sus versos hace que resucite e incluso es capaz de levantarme del asiento en varias ocasiones. Lo escuche un par de veces, leía como escribía, era ameno y directo. Su poesía era poesía.

Hoy recuerdo sus palabras sobre la poesía: *necesidad y salvación*. Y acudo a ellas para alimentarme de verdad, de autenticidad, de belleza. Creía más en la ocurrencia que en la inspiración. Amaba la poesía por encima de la propia poesía.

Con motivo de una entrevista que le realizó Xuan Bello para la revista *Clarín*, Ángel González respondió tras ser preguntado sobre la calidad moral del poema:

> "Es lo que hablábamos antes: un poema no tiene más deber que ser un buen poema. Eso lo he defendido. Pero aparte de eso, un buen poema puede ser también otras cosas. Como decía Antonio Machado —yo soy devoto de Antonio

Machado, pero no beato— con la palabra se puede hacer música, se pueden hacer muchas cosas, pero sobre todo se habla".

Esas palabras me traen a la memoria la ética y la estética de nuestra literatura. Para Ángel González existía la necesidad y el compromiso. Sus inicios en años donde publicar poesía era difícil, donde las novedades literarias permanecían meses en los escaparates de las librerías, donde se publicaba mucho menos.

Ahora recuerdo las palabras de Auster: *Se escribe en soledad, se lee en soledad, y, pese a todo, el acto de la lectura permite una comunicación entre dos personas*. Digamos que Ángel González hace que se establezca el equilibro exacto entre poesía y poema, entre entrega y soledad, entre palabra y verbo.

Cuando alguien me pregunta qué poeta debe comenzar a leer, siempre le respondo: Luis Rosales y Ángel González. El resto vendrá solo.

CALIDAD

Pensaba escribir unas palabras sobre la novela de un profesor universitario que he sido incapaz de acabar. No hay forma de justificar aquello que no es ni convincente ni posee rectitud. Lo tenía claro, incluso comencé a redactar unas líneas sobre el autor y la obra. Pero pensé, en un instante de duda, que ese comentario no haría sino publicitar el lamentable escrito. Alabar o criticar provocan un efecto semejante y siempre erróneo.

Ni la calidad se encuentra en las obras literarias que se reseñan, ni en los autores que representan la literatura oficial de este país. Se trata de un asunto complejo, aunque sin respeto por la literatura se acepta el todo vale que nos vuelve escépticos.

Comentaba hace unos días el poeta Fabio Morábito que de la poesía no vive nadie, lo afirmaba con rotundidad el autor mexicano. Pero en nuestro país, aunque no se viva de la poesía, la oficialidad se engalana de los "bolos", se recrea en ellos y hasta se permiten lujos que en algunos autores pueden llegar a ser asiáticos.

En España existe un puñado de intelectuales que acaparan casi el cien por cien de los "bolos" monetarios (no digo literarios porque la literatura auténtica es ajena a estos actos de tres al cuarto). Y ellos se lo guisan y se lo comen.

Debo afirmar que me parece correcto, allá cada uno con sus "bolos". Pero es cierto que la calidad es ajena a estos actos. La calidad poética (se atribuye el término a Platón y a la raíz "*poiéō*") debe cuestionarse, su naturaleza, su clase, su estilo, ella en sí misma debe ser puesta en duda. El fin de la calidad es llegar a ser sustancia y en España hay muchos "bolos" y poca sustancia.

He vuelto a tomar la novela entre las manos, por cortesía, y la he cerrado de nuevo. La cortesía nunca será sustancia.

ÉTICA & ESTÉTICA

En septiembre de este año el poeta chileno Nicanor Parra cumplirá 100 años. Durante mi juventud, cuando comencé a leer su obra, descubrí que fusionaba dos elementos fundamentales de la vida y el desarrollo del ser humano. Esas esencias no eran más que el objetivo y la meta para la consecución de la armonía. Se trata de la ética y la estética.

Un poeta sin estética nunca escribirá versos auténticos. Pero aunque posea la codiciada estética, si hay ausencia de ética en sus planteamientos, nunca logrará el equilibrio.

La consecución o el logro de ambos nos acercan a la calma después de la tormenta que indicaba Leopardi. Valle-Inclán también nos dejó su glosa: *El alma estética deviene centro cuando ama sin mudanza.*

La unión de ética y estética no es más que el amor a la sabiduría, la filosofía, al fin y al cabo, y la filosofía es amor. Pero un amor que se intuye y no se posee. Hay que cultivarlo, hay que agrandarlo, encontrar el amor con la ética para alcanzar la estética. Y allí, en ese centro indudable, mantenerlo en armonía, en el equilibrio de la consolación.

Pero la poesía, al igual que la filosofía, se encuentra en el centro, más cerca de la angustia que del consuelo. Y esa angustia es la verdadera creación.

Ética y estética pueden ser manifestaciones del bien, si seguimos a Platón en algunas de sus definiciones.

El centro indudable, aquel camino que se observa manteniendo el equilibrio entre la ética y la estética, se consigue cuando descubrimos la cara oculta del bien, y lo hacemos con angustia. La paz es el premio, el final del camino, la meta codiciada.

Tendremos que seguir leyendo a Nicanor Parra para aprender de su sabiduría.

También digo que el natural poeta que se ayudare del arte será mucho mejor y se aventajará al poeta que sólo por saber el arte quisiere serlo; la razón es porque el arte no se aventaja a la naturaleza, sino perficiónala; así que, mezcladas la naturaleza y el arte, y el arte con la naturaleza, sacarán un perfetísimo poeta (Cervantes).

MARÍA ZAMBRANO

El volumen VI de las obras completas de María Zambrano es una pequeña joya de mil seiscientas páginas. Posee dos cintas de lectura, una si empiezas por delante y la segunda para mí, que siempre leo un libro desde el final.

El volumen VI de las obras completas de María Zambrano está coordinado, como todos los demás, por Jesús Moreno Sanz. Quien conozca a Jesús y haya tenido la fortuna de tomarse más de un whisky con la Zambrano podrá sacar sus propias conclusiones.

Escritos biográficos, *Delirios y poemas*, *Delirio y destino*, son el contenido de esta obra. Una perla vestida de etiqueta.

Orwell, en la primera mitad del siglo XX, definió a la crítica literaria como un complejo de corrupción e interés. Nada más y nada menos. No se hace crítica verdadera, todo es beneficio para la complacencia. Todo cuanto se escribe es falsa vanagloria.

María Zambrano era una mujer directa, si tenía que recriminar algún acto, comentario o lectura, lo hacía sin complejos. Y el respeto a su palabra, el mismo que ella le profesaba, era digno de admiración.

Es curioso, en estos días inciertos, que el mejor de los poemas de la Zambrano sea uno que se titula "A Cataluña". Curioso y sorprendente.

Mientras leo el último libro de Javier Cercas se vienen a la cabeza las palabras de Orwell, las cuestiones que, en interrogatorio, efectuaba María Zambrano, y la propia lectura de las reseñas literarias de algún suplemento cultural.

Todo es mentira, nada es lo que parece ser. Y si se cree lo que dicen de su obra, pues eso, créalo, es mentira.

Sigo leyendo los *poemas* de Whitman traducidos por Eduardo Moga y *El arte de la ficción*, de Edith Wharton.

NATURALEZA

Con el paso de los años he modificado mis hábitos culturales. Siempre llamé a la lectura el alimento, aquello que engrandece la consciencia y aporta lo que el ser humano precisa para actuar como mejor persona. Antes leía más, casi todo lo que caía en mis manos sentía la obligación de juzgarlo. Ahora selecciono y acudo a las mismas fuentes, aquellas que se acercan al centro, las que son el verdadero alimento.

Lo que se escribe en la actualidad debe ser conocido, la curiosidad y el interés nos invitan a ello. Pero acabo el día con un clásico entre las manos. Juan Ramón Jiménez, Luis Rosales, Claudio Rodríguez o Nicanor Parra disponen en mi biblioteca de la categoría de clásicos. Están junto a Platón, Séneca, Cicerón, Dante, Quevedo, Rilke, Hölderlin, Novalis, Leopardi, Pound, Eliot, y tantos y tantos otros que una persona debería tener más de una vida para leerlos en profundidad.

Pero no solo la lectura es alimento, la mera contemplación de la naturaleza puede enseñarnos infinitos matices. Nunca observamos el mismo color verde en dos plantas de un jardín, el vuelo de los pájaros, las formas de las nubes. La indeterminación de la naturaleza descrita por Platón, la dualidad, el azar y el caos, la belleza, todo ello provoca una armonía que alimenta, una armonía ilimitada y a su vez perfecta.

Lo dejó escrito Novalis: *Buscamos por todas partes lo infinito / y no encontramos sino cosas.* Que el ser humano madure en armonía es fruto de la naturaleza, de la naturaleza y del cuerpo de lecturas. Pero los libros hay que elegirlos con inteligencia, con la sabiduría de la propia elección. La meta de un escritor es acercarse al centro y absorber de él ese alimento necesario. Plasmar en tu propia obra a los autores clásicos es la culminación. Un camino en armonía.

ORDOVÁS

Cuando comienzo a ser feliz ni lo proclamo ni lo comparto. Traigo a la mente a los protagonistas de *La insoportable levedad del ser* de Milan Kundera y recuerdo que acabaron sus vidas en un accidente, justo después de proclamar su felicidad.

Me cuesta acabar las novelas, procuro intercalarlas con poesía para digerir mejor la literatura. En las últimas semanas he leído, en más de una ocasión, una que me llena. Me siento identificado, y no por la felicidad sino por la literatura. Se trata de la primera novela de Julio José Ordovás, *El anticuerpo* (Anagrama, 2014).

En la dedicatoria que escribió el autor ya aportaba algunas pistas, pero en el desarrollo del escrito se completa la maestría del argumento y el camino que su autor nos propone para conocer otra vida real que comparte con nosotros la existencia, y que a veces dejamos a un lado.

El anticuerpo es un derroche de literatura, poesía llevada a la narrativa, descripciones líricas y situaciones sobrehumanas.

El autor nos traslada a la España de los ochenta en la mente de su protagonista, un "ser especial" que consigue lo que desea o lo que realmente desea el lector.

Si hay que destacar algo, que es mucho, me quedo con las descripciones y los ambientes. Ordovás vive cada personaje en primera persona, y cada lugar que aparece en la narración se nos hace nuestro. Todos somos náufragos de nuestra existencia, todos somos rebeldes, todos somos "anticuerpo". La vida desde los tejados se observa de otra manera bien distinta.

La realidad supera a veces la ficción. En la mayoría de los casos. ¿Feliz o infeliz? Dejo la pregunta en el aire. Lean a Ordovás, él sí que sabe plasmarlo en esta, su primera novela. Vendrán más, no me cabe la menor duda. La literatura existe aunque no la hayas buscado.

PARRA

El 5 de septiembre Nicanor Parra cumplió cien años. Un largo recorrido y una extensa trayectoria literaria. "Cien años" repetíamos un puñado de amigos recitando los versos de su poema "El hombre imaginario": *Y en las noches de luna imaginaria / sueña con la mujer imaginaria /... / el corazón del hombre imaginario.*

Desde muy joven, el poeta, ha plasmado en su obra la cultura de transmisión y de innovación, muestra de ello es su primer libro *Cancionero sin nombre* (1937). Nunca abandonó su tradición, el sentimiento crítico y el conocimiento científico que tanto le proporcionó en su poesía: como un orden geométrico invertido, un antihéroe creador de *antipoemas* repletos de verdadera literatura. El lenguaje cotidiano de sus versos crece como esa admiración a la que Platón consideraba el principio único de la filosofía.

Parra ha caminado con paso firme y con extraordinaria solidez, dejó improntas profundas en generaciones posteriores e hizo tambalear a sus contemporáneos. Pero daba la sensación de que Parra era un ser errante, reconocía su propia ignorancia y se hacía eco de ella. *Todo envuelto en una especie de niebla.*

Cada libro publicado demostraba su certeza, lo grande de una obra indispensable que crecía a un ritmo vertiginoso en sobredimensión.

Parra ha cumplido cien años. Reproducimos unos versos de su poema "Declaración de principios": *Me declaro católico ferviente / no comulgo con ruedas de carreta / me declaro discípulo de Marx / eso sí que me niego a arrodillarme / capitalista soy de nacimiento / loco por las perdices escabechadas / ... / en resumidas cuentas me declaro fanático total / eso sí que no me identifico con nada / la palabra Dios es una interjección / da lo mismo que exista o que no exista.*

PIQUERO

A lo largo de la vida de un autor aparece la libertad suficiente para elegir sus lecturas. Un escritor sin lecturas es como un mar sin peces. Pero también es preciso seleccionar y elegir el cuerpo de las mismas.

Habitualmente me preguntan por esos autores a los que acudo de forma constante, y siempre indico los mismos nombres: Platón, San Juan, Hölderlin, Novalis, Rilke, Eliot, Leopardi, Juan Ramón Jiménez, Manuel Machado, Parra, Rosales, García Baena, María Victoria Atencia, Claudio Rodríguez, Ángel González...

Debo añadir un nombre a mi lista. Desde hace años acudo a él todos los meses. Me apasiona su naturalidad, su pureza, la grandeza de sus versos y su palabra. Se trata de José Luis Piquero (Mieres, Asturias, 1967).

Ser natural en poesía es el objetivo de todo autor coherente. Aquellos que no son coherentes ni sabrán nunca que es la naturalidad ni conseguirán la meta.

José Luis Piquero es autor, tan solo, de cuatro libros de poemas: *Las ruinas* (1989), *El buen discípulo* (1992), *Monstruos perfectos* (1997) y *El fin de semana perdido* (2009).

A José Luis Piquero lo descubrí en la lectura, nadie me habló de él. Acudí a sus libros y volví a hacerlo. Estaba sorprendido de todo cuanto esa poesía me proporcionaba. Dejé de leerlo hace años pero el azar trajo a mis manos *El fin de semana perdido* y entonces recobré la esperanza en el verbo, en la palabra, en el poema. Desde ese momento no aparto sus libros de mi espacio.

De su última obra es este poema titulado "Rimbaud": *Yo no quiero ser yo. La vida entera / la gasté en reinventarme, como un fénix doméstico. / Me fui sobreviviendo como pude. // Yo no sé quién soy yo. Tal vez la máscara / debajo de la cara. La pregunta. // Yo no pude ser yo. Y el minucioso / trabajo de vivir sin heroísmo se quedó para otros. / La verdad es la triste descripción del secreto. / No quise ser verdad. Quiero ser Nadie.*

A partir de ahora, cuando vuelvan a preguntarme por los autores que admiro y a los que acudo de manera constante seguiré terminando la lista con puntos suspensivos, pero justo antes de ellos aparecerá un nombre: Piquero.

SILENCIO

España es un país pequeño, insignificante diría. Intentan guardar silencio y mirar hacia los lados a los que nadie atiende y se acaba bombardeado de información. El centro indudable también posee fisuras, sobre todo unas grietas de experiencia que la mayoría de los mortales no logran olvidar.

Uno, cuando va adquiriendo uso de razón literaria, elabora sus propias listas. Comienza a admirar a unos autores a los que denomina "grandes", los lee, los estudia, los desmenuza. Pero un día ese "grande" deja de serlo por cuestiones terrenales. La armonía entre la ética y la estética se rompe.

El silencio no es más que el descubrimiento de la estética errónea, manipulada tal vez, fabricada al uso y al momento de las modas. Nunca ha sido fiel a la verdad y a la belleza, y eso se termina pagando. Aunque solo sea con un tachón en la humilde lista.

Hay grandes que para conseguir sus propósitos amplían aún más las fisuras del centro. Aquellos que olvidan sus orígenes remotos y los desprecian, habrán roto la armonía propia y ajena.

Hay escritores que han cambiado sus nombres en las diferentes etapas de su producción literaria, otros que han presentado *autocandidaturas* a puestos gubernamentales, los que se comprometen en tres bolos un mismo día no atendiendo a ninguno pero cobrándolos todos, los que plagian y no inventan, los que mal inventan sin plagiar, los que babean en un medio de comunicación, los que hacen reseñas a libros para acabar siendo miembros de jurado o resultar galardonados en un premio.

Todos, en el fondo, ya han descubierto que su vida pasa con pena.

Claro que uno guarda silencio, sigue leyendo a aquellos que mantienen el equilibrio, y adelgazando el volumen de obras de su biblioteca.

He vuelto a fumar. He logrado convencer a un librero de viejo para que adquiera los libros que le llevo. Los acepta sin remordimiento, en silencio.

APARIENCIA Y CONVENIENCIA

Como la llama de una vela encendida sobre la mesa que no para de moverse y contonearse al unísono en el propio espacio limitado. Esta imagen forzada, fugaz pero transparente, define la vida literaria. Recuerdo las doctrinas científicas de Pitágoras. El filósofo hablaba del dualismo último entre el límite y lo ilimitado. Aplicado a este hecho entre el yo del poeta y el *yomemiconmigo*.

La realidad es indivisible, pero algunos se empeñan en partirla a trozos. La apariencia es conveniencia, y se funciona con apariencia por mera conveniencia.

Todo lo que vale la pena se realiza, lo indicó Nietzsche, y tenía razón. Ocurre que ahora también se realiza lo que no la merece. Piensen por un momento en los innumerables libros que llenan las librerías, sobre todo contemporáneos. Ocupan el espacio más digno, las mesas centrales, son recomendados por los suplementos culturales, los que figuran en las listas de libros más vendidos. Cientos, miles de títulos cuya insignificancia provoca un engañoso recorrido literario. Apariencia, conveniencia editorial. ¿Dónde hallamos el límite? ¿En lo ilimitado tal vez?

El ensayo que aparece al final del libro *El arte de la ficción* de Edith Wharton y titulado "El vicio de la lectura", no es más que una aportación a lo que hemos mencionado al principio pero centrado en los lectores. Leer mecánicamente es un vicio, los devoradores de libros no consiguen distinguir lo bueno de lo malo, la literatura de la basura. Y otorgan el calificativo de "autor" a aquel que ni lo es ni lo será. El fabricador de basura seguirá vomitando para una demanda real pero inauténtica.

En el fondo apariencia, conveniencia. Sigo amando el azar, aunque como decía Platón en *Leyes: el hombre es presentado como un títere de fuerzas que lo superan.*

EL POEMA DE PARMÉNIDES

No me avergüenzo si reconozco que acudo casi todas las semanas al *poema* de Parménides. Escrito en hexámetros traslada iluminación, a pesar de su oscuridad; tránsito, a pesar de su ambigüedad; es didáctico, por encima de su inopinable sentido.

Parménides niega el tiempo, el vacío y la pluralidad, pero argumenta en ello. La *Vía de la Opinión* se confabula con la *Vía de la Verdad* para resultar creadoras.

De él aprendí el perpetuo presente, la negación del pasado y del futuro, el "no" que antecede a los poetas o a cualquier otro sustantivo inclasificable.

Dice Parménides: *Mira firmemente a las cosas que, aunque lejos, están, sin embargo, presentes a tu mente.*

Leí a Homero gracias a Parménides, y a Parménides gracias a Homero. Muchos días, con el libro *Sobre la naturaleza* entre las manos, me pregunto si lo que nos ha llegado a través de Platón, de Sexto Empírico, de Proclo o de Plotino, lo escribió realmente el hijo de Pires, este filósofo de Elea que contemplaba la naturaleza.

Los sensibles siempre serán opuestos, o los opuestos sensibles. *Todo lo que existe posee un cierto conocimiento.* Y entonces tomo un libro contemporáneo y me pregunto: ¿Dónde está el conocimiento? El conocimiento nunca será su conocimiento.

En la actualidad, cuando hablo de Parménides, repiten el nombre con duda, sin convicción, sin percepción ni pensamiento, sin memoria y sin olvido, sin afirmación. En la actualidad hay deficiencias aunque: *Te revelo el orden de todas las cosas verosímiles, para que nunca te aventaje ninguna opinión de los mortales.*

Parménides es órfico, *ctónico*, y diría que ilimitado. También su cosmología es un conjunto de doctrinas. Pero ¿existió realmente Parménides? Hay un diálogo de Platón con su nombre, pero aunque amo irremediablemente a Platón, también dudo de su existencia verdadera.

FERIAS

Finalizan las ferias de libros en todas las capitales españolas. Salvo algunas rezagadas que utilizan el buen tiempo para la promoción y difusión de la cultura, el resto ha echado el cerrojazo.

La feria de Madrid es una referencia, un escaparate que sirve de modelo. Los datos positivos de ventas hacen crecer las esperanzas. Pero los datos positivos también son manipulables, como todo hoy día.

El modelo tradicional de Feria del Libro debe cambiar, debe adaptarse a los nuevos tiempos. Debemos buscar aquellos colectivos que no acuden a las casetas y preguntarnos qué debemos hacer para que las visiten. Se debe modificar el formato manido de presentación, firma, discurso, conferencia.

La cultura está más viva que nunca, pero lo está a su manera, que es la de todos.

Y seguimos con los ojos cerrados, haciendo creer que la celebración de una Feria del Libro es un éxito, que la crisis ha pasado, que se recuperan las ventas, que la gestión ha resultado positiva.

No señores, no. O nos adaptamos a las nuevas necesidades o la cultura seguirá siendo ese círculo cerrado que solo llega a los mismos.

He hablado con libreros, con editores, con autores, con el público de diferentes edades. Ellos nos dicen cómo y por qué. Ellos son la voz que debe ser escuchada. Ellos darán la solución a la difusión de la cultura. Sus necesidades son nuestros objetivos.

Y en España sigue sin interesar el libro electrónico. Es compatible con la obra en papel, y su desarrollo y apuesta engrandecería nuestra cultura, la cultura en líneas generales.

Ahora que han cerrado las casetas de las ferias de libros debemos reflexionar para que no vuelva a ocurrir lo que siempre ocurre.

VIDA

De la manera en la que el lector hispanoa-
mericano vive la poesía deberíamos aprender
los españoles. También el autor de esas tierras
es modelo y ejemplo. El respeto por la lengua,
la innovación, la desnudez de la palabra en el
momento exacto, el experimento sacrificado y
sin complicaciones. Baste un puñado de conver-
saciones para aprender, sin más, una enseñanza
en grado sumo.

En otro contexto diferente José Olivio Jiménez viene a hablar de *poesía del aliento épico,*
con gran amor a España, a América, al hombre
universal. Y define bien aquello a lo que nos referimos.

En recientes debates con diversos autores, y
haciendo un repaso a la poesía española del siglo XX, siempre nos quedamos en el 50. Y eso
que apurábamos al máximo los nombres, las
generaciones, las corrientes, las tendencias. Nos

quedamos en el cincuenta. No avanzábamos más. Tal vez algunos ejemplos aislados permanecen con fuerza.

La presencia de la literatura hispanoamericana enriquece la lengua común. Y lo hace sin complejos, con vida. También la poesía polaca del siglo XX ha hecho y hace mucho por nuestra lírica.

Vida por encima de elegantes escorzos, de razonados y complejos devenires que en el fondo son humo, humo gris.

Los jóvenes poetas de ahora leen la literatura hispanoamericana. Incluso muchos de ellos tienen en autores de allá a modelos y guías, a luces y faros. El futuro de nuestra poesía es una incógnita con esperanza, con expectativa. Con la ilusión de aquel que lee y aprende, que recibe.

El alimento es nuestro cuerpo de lecturas, y sin él, y sin los clásicos, nuestra base se agrieta sin justificación.

Me sorprendía cómo en Hispanoamérica los lectores fotocopiaban los libros de poemas por su alto precio. Y en nuestro país por no tener, no tenemos ni un Ministerio de Cultura.

CIRLOT

Juan Eduardo Cirlot (Barcelona 1916-1973) pasará a la historia como un genio. Gran crítico de arte, de mente lúcida y casi sobrenatural, y un poeta extraordinario, diferente, ajeno a todo lo conocido y casi lo desconocido.

Antonio Rivero Taravillo ha publicado hace unas semanas la biografía de Cirlot. Un libro que ha obtenido el premio de biografías Antonio Domínguez Ortiz. *Cirlot. Ser o no ser de un poeta único* (Fundación Lara, Sevilla, 2016) pasa a ser una obra imprescindible. Nos acerca a un autor heterodoxo y de culto.

Cirlot fue un poeta enigmático y visionario. Jugaba con el lenguaje de forma majestuosa, con un respeto único, pero a la vez introduciendo novedades en el estilo.

Cirlot fue un poeta iniciático, uno de los padres de la simbología literaria, maestro y manifestación de los ismos en nuestras letras. Su grandeza radica en que cada vez que lo leemos descubrimos muchas más luces que la última vez. Y esto solo ocurre con los grandes.

La obra de Antonio Rivero Taravillo hace un recorrido exhaustivo por la vida y la obra del poeta catalán, con un lenguaje preciso y una división casi perfecta en capítulos indispensables. Aquellos que leímos y leemos a Cirlot agradecemos mucho este libro, necesario e imprescindible.

El libro de Rivero Taravillo hace justicia con un poeta maldito, aunque siempre que escucho este comentario indico "Bendito maldito".

Reproducimos el epitafio de Cirlot, escrito en 1972, y para mí nada decepcionante: *Yace lleno de sombra quien fue luz / pasada la ribera del horror. / Acaso está en el reino del amor / donde otra claridad no es otra luz.*

Hemos disfrutado mucho con la lectura de esta biografía que pretende dar a conocer a un poeta necesario y oculto, pero que cada día está más presente.

HACIENDO PLANES

Ando leyendo y releyendo el último poemario de Karmelo C. Iribarren (*Haciendo planes*, Renacimiento, Sevilla, 2016). Y lo hago con la ilusión y el desenfado. Escribe Iribarren en el poema "La soledad": *Ven, / túmbate aquí, / a mi lado / —le dije / a mi perro / de trapo.*

Responde el poeta, en una entrevista, a una pregunta así: *Contar mi vida, o la de alguien muy parecido a mí, de manera que el lector pueda creer que le estoy contando la suya. Y si hay suerte, emocionar un poco. Y entretener. Siempre ha sido así. Aunque yo no sea el mismo.* Pero el poeta sigue siendo el mismo, mantiene un tono personal que no cambia, un pulso a la vida que es definición, presagio. La sorpresa en la poesía de Iribarren está en su simetría, en la profundización de las cosas que un hombre hace cada día. Y todo "por experiencia". Nos lo dice él mismo. Por la experiencia de esa vida que se convierte en poesía.

Bajo una lectura del mundo a veces irónica, a veces defensiva, los poemas de este libro no son más que una continuación de toda su obra. Una obra repleta de poemas (por encima de esos propios libros), poemas donde nos vemos identificados. Dice Iribarren, *Mientras haya preguntas sin respuesta habrá poesía*. Y lo dice con acierto, con veracidad. Basta leer un puñado de poemas de este libro.

Autor con lectores fieles (la fidelidad a una obra solo se consigue con fundamento y nunca por la amistad y los intereses), autor que describe la verdad, la vida de las personas, autor de bares, de calles, de lluvia, de realidad, al fin y al cabo. ¿Para qué necesitamos cánones engañosos y falsos?

Muy recomendable la lectura de este libro, digo mal, la lectura de toda la poesía de Iribarren.

POESÍA Y NO POESÍA

¿Hacia dónde camina la poesía del siglo XXI en España? ¿Tiene buena salud? ¿Las listas de libros más vendidos son el reflejo fiel de la poesía escrita por los autores? ¿Se lee poesía en nuestro país?

Preguntas. Preguntas con respuestas. Todas las cuestiones planteadas disponen de argumentos convincentes. Hay evidencias, ausencia de matices, hay veracidad.

La poesía que aparece como más vendida en nuestro país no es poesía, y sus autores no son poetas. Y más concreto aún, los lectores de esos libros de *pseudopoesía* no son lectores de poesía. No confundamos el amor con el odio, ni la adolescencia con la madurez.

La poesía que se escribe ahora en España goza de buena salud, busca caminos, argumentos, posee —en algunos casos— inseguridad y confusión, pero no dudamos de la calidad de muchos de sus autores. Atravesamos un momento complejo, pero esperanzador.

En España se lee poco, desgraciadamente. No se fomenta la lectura y lo que es más grave, no se ordenan ni organizan las lecturas. No se enseña a leer adecuadamente. El resultado es el que todos conocemos.

Claudio Rodríguez, siempre que tenía ocasión, nos hablaba de la necesidad del acto creador y la capacidad de la expresión poética. *Un libro debe ser el hacha que rompa el mar helado que hay dentro de nosotros*, nos decía Kafka. *La lectura hace al hombre completo; la conversación lo hace ágil, el escribir lo hace preciso*, nos recordaba Francis Bacon.

Leer, leer para vivir en libertad, en armonía. Con criterio y conciencia. Y sin prisas. En el fondo en la poesía ocurre algo así como en el auge de los populismos dictatoriales: las modas pasan, la esencia nunca desaparece.

COBOS WILKINS

Juan Cobos Wilkins ha escrito un libro de poemas como solo él sabe hacerlo. *El mundo se derrumba y tú escribes poemas* (Fundación José Manuel Lara, Vandalia, Sevilla, 2016) no deja indiferente a ningún lector, al contrario, el verdadero amante de la literatura encuentra en sus páginas la luz verdadera, la caída salvadora.

El autor se ha mirado en un espejo como habitante de una sociedad, la nuestra. Una sociedad que el paso del tiempo ha ido desgastando, derrumbando, y nos ha incluido en su propia destrucción, en un destierro. El reflejo que ese espejo representa es un paso del tiempo ajeno a la esperanza, triste como los ojos de los habitantes de este país en los últimos años.

Pero Cobos Wilkins ha sabido dosificar la destrucción y la orfandad con la construcción. Una construcción presente en la luz, una inmensa luz donde el rojo es el color protagonista. Un rojo verdadero, digno, honesto. La pasión del poeta a través del fuego y de la propia sangre. Pérdida y esperanza.

El tema del amor está presente en su más absoluta desnudez, como el mejor Gil de Biedma, Cobos Wilkins es el hijo que, solo, conquista el aire, que nos entrega el latido de su corazón en cada uno de sus versos. *Morir y no / te sigue estremeciendo*. La soledad de la belleza. La luz frente a la destrucción.

No podemos dejar de mencionar la extraordinaria ilustración de la cubierta, obra de Faustino Rodríguez. Una torre de Babel por construir, la torre del poeta en unos tonos rojizos. Construcción y destrucción, orfandad y creación, melancolía y nacimiento. Sustantivos presentes en el libro y en la imagen de la cubierta.

Biografía impura nos apasionó, este libro nos ha conquistado.

21 DE MARZO

El próximo 21 de marzo se celebra el Día Mundial de la Poesía. Serán muchos los actos que se celebren, muchas las instituciones que se sumen al carro, hasta el propio ministro de Educación, que también lo es de Cultura (y esto es un error), ha lanzado una iniciativa en la red social Twitter con la etiqueta *#descubriendopoetas* para conmemorar la celebración. El concurso invita a los usuarios de Twitter a averiguar la identidad de siete poetas con la ayuda de siete pistas, una por autor, con información sobre su vida y obra, que se ofrecerán a través de la cuenta *@observalibro* del Observatorio de la Lectura y el Libro.

El 21 de marzo pondremos a la poesía por encima de otros muchos géneros, y no debemos olvidar que en este mes de marzo se conmemora el 75 aniversario de la muerte de Miguel

Hernández. Parece que se le otorgan conmemoraciones, pero se olvida al poeta, su obra.

No hay mejor manera de celebrar el día de la poesía que leyendo poemas, acercando a nuestras vidas los textos de los poetas que más nos gusten, aquellos que nos aportan, que nos llenan, que nos enriquecen. Dicen que leer previene la degeneración cognitiva, y como apunta Emili Teixidor: *La lectura es el único instrumento que tiene el cerebro para progresar.* Nada más y nada menos.

Siempre repito aquello de que leer nos hace libres, pero además mejores personas. Y aquello que decía Cervantes: *El que lee mucho y anda mucho, vee mucho y sabe mucho.* Señor ministro de Cultura (y de Educación), se lo han puesto fácil ya que controla los dos ministerios, no olvide nunca que el fomento a la lectura debe ser, obligatoriamente, la prioridad del sistema educativo, de todos los sistemas educativos. Y a usted, lector, le indico que recordamos mejor lo que leemos en papel, mucho mejor.

EL "TIGRE" LIZALDE

Recibo con enorme satisfacción la noticia de la concesión del Premio Carlos Fuentes al poeta mexicano Eduardo Lizalde. Así se reconoce a Lizalde (apodado como el "Tigre") como el poeta vivo más importante de México. Eso decían hace unos días las crónicas que anunciaban la concesión del galardón.

Eduardo Lizalde (Ciudad de México, 1929-2022) me fascinó hace años. He leído sus textos y he seguido su trayectoria, su pensamiento. He admirado su lucidez, su originalidad y su fidelidad. Octavio Paz ha dicho de Lizalde: "un hombre que cambió el paisaje poético actual", y no iba mal encaminado.

Lizalde comentó en 1986, a una entrevista de Eduardo Millán para *El Semanario*: *¿Para qué entintar las prensas del mundo con un poema que quizá ya ha sido expresado y tal vez de una forma mejor por otros autores? Ésa es la* *angustia real del creador que padece profundamente la poesía: la de no producir cosas ociosas. Y eso es lo que a mí me hace escribir cada vez con mayor cautela. Cada vez que reviso mis libros, veo la gran cantidad de paja que hay allí. Éste es el drama estético del creador desde mi punto de vista.*

En otra ocasión, esta vez a la pregunta formulada por Federico Campbell para otra entrevista, respondió Lizalde: *Lo difícil para producir el libro adecuado al momento artístico que le pertenece, es el enorme material literario que debe ayudar a comprender qué estilo, qué forma, qué actitud artística le corresponde. En otras palabras: el contexto cultural de un libro, su mar de fondo cultural, implica un trabajo más arduo que el de la propia redacción.*

Lizalde es un poeta fundamental, puro, original, muy fiel a su creación, preocupado por ella y por el acto creador en sí. Si aman la poesía lean a Lizalde, lean sus poemas, de pasión, de vida, de verdad, auténtica poesía.

FOMENTO

El ministerio de Cultura ha hecho público esta semana su nuevo Plan de Fomento de la Lectura. Fernando Benzo, el secretario de Estado de Cultura, ha sido la voz que ha hablado en nombre del perecedero gobierno, quien ha explicado las líneas maestras del nuevo plan. Y se trata de un plan pobre, confuso y sin las ideas claras.

El Estado invertirá 7,2 millones de euros durante los próximos doce meses para animar a la lectura. Comparados con los treinta y ocho de 2007 pueden resultar miserables. Habrá dinero, poco, para las bibliotecas (la inversión para la actualización de fondos bibliotecarios llevaba congelada desde 2012). Y los alumnos de educación primaria y secundaria dedicarán una hora a la lectura al día en sus clases. Recordamos que el porcentaje de españoles que no leyeron ningún libro durante el último año ha caído hasta el 38 %.

Esto, entre otras acciones, es el Plan de Fomento de la Lectura que nos ha presentado el ministerio de Méndez de Vigo. Y desde luego tenemos que alegrarnos porque menos es nada, y en el ámbito de la industria cultural y del libro, todo lo poco es mucho. Pero fomento también es calidez, nutrimiento, protección y auxilio, y nuestra industria cultural necesita de ese auxilio y de esa protección. Se debe velar por los derechos de los autores, se debe luchar contra la piratería desde la base misma de la piratería. Y debemos educar a nuestros jóvenes para que sepan que piratear es contribuir a la destrucción de la industria cultural.

Nos alegramos del nuevo Plan de Fomento de la Lectura, pero en este país, como siempre, las cosas se hacen con prisas (si se hacen) y de cara a la galería, esperando el aplauso fácil que solo otorgan quienes forman parte de su propia creación. Fomento de la Lectura es cultura y es educación, y por ello debemos concienciarnos de que es el único camino de todos los posibles.

LA CULTURA EN PELIGRO

El libro del filósofo Alain Brossat, *El gran hartazgo cultural* (Dado ediciones, Madrid, 2016), da que pensar. Que un libro consiga arrancarte dudas o reflexiones ya es en sí un éxito. En estos tiempos en los que la cultura fracasa, alguien que expresa su pensamiento con tanta naturalidad y sentido común se agradece.

Brossat es duro en sus afirmaciones. Duro pero coherente. Las notas del traductor David J. Domínguez enriquecen aún más la obra y resultan un gran apoyo para la lectura. Una de las grandezas de esta obra es todo aquello que provoca, que en el fondo es lo que en ella se critica. La cultura actual es una cultura de escaparate, de pasarela, vacía pero seductora, en su mal sentido. Se han olvidado los creadores de remover, de hacer pensar, de resultar determinadores.

La cultura actual (pasatiempos) se conforma con agradar y divertir. Al igual que la crítica.

Leí hace tiempo una reseña académica de este libro y resultaba excesivamente académica, hecha para complacer al colectivo universitario sumido también en la muerte de la cultura. La industria cultural no crea cultura, fabrica banalidades.

Recomendamos la lectura de este libro y sean ustedes los que saquen sus propias conclusiones, los que determinen en qué situación real se encuentra la cultura en la actualidad. Tenemos claros ejemplos, nos rodean, los encontramos todos los días. Y como dice Brossat, dejemos de ser *idiotas cultivados* (entretenidos) para convertirnos en seres humanos que sacamos conclusiones con sentido común, con ética.

PERCEPCIÓN

Los datos del Centro de Investigación Socioló-
gica sobre el sector del libro en 2015, que hemos
conocido hace unos días, nos alertan de muchas
cosas. La primera es que hay casi un 40% de
españoles que no leyó ningún libro en ese año, y
esto es preocupante. Se publican más libros, eso
sí, pero el informe *La lectura en España 2017* es
desolador. Al menos me lo parece. En este país
se publica mucha basura, la prensa escrita agoniza, y hay un estancamiento importante de no
lectores.

Que un país defina al "lector frecuente" aquel
que, al menos, lee una vez por semana es de risa.
Solo menos de una cuarta parte de la población
es usuaria de las bibliotecas, y la LOMCE ha
eliminado de un plumazo el tiempo destinado
a la lectura. Ustedes me perdonarán, pero nos
quieren tontos, imbéciles.

Aunque sensación y percepción son dos términos semejantes, existen diferencias importantes entre ambas. Y esto viene a cuento sobre leer en papel un libro, o leer en un dispositivo móvil (*ebook*). Leer en papel, leer un libro, nos transmite unas sensaciones diferentes a hacerlo en *ebook*. Nuestros sentidos se agudizan más si disponemos del libro físico, se agudizan todas nuestras sensaciones, adquirimos sentimientos, los estimulamos. Pero, y es lo que me apasiona, las percepciones que conseguimos al leer el libro físico nada tienen que ver con leerlo electrónicamente. Nuestra consciencia, nuestro entendimiento, se hacen activos, manifiestan la interiorización de la información de la lectura y de todo su proceso. En la percepción logramos interpretar las sensaciones.

Leamos, y leamos en papel, debemos tocar el libro, olerlo, acariciarlo y gastarlo, las máquinas son artificios artificiales, sintéticos y estériles. No hay vida en un *ebook*, y un libro es vida en sí mismo.

RUBÉN DARÍO

Rubén Darío no era el poeta nicaragüense. Rubén Darío Ávalos Flores falleció hace unos días en Sevilla con doce años. Lo escuchaba en las mañanas de los fines de semana en Onda Cero, acompañaba a Isabel Gemio. La dulzura de su voz nunca me acercó a su rostro, pero sí a su pensamiento. Hablaba de libros, de autores, de las obras que leía, de los autores que le dejaban sus libros en la sede de emisora sevillana, de sus cuentos, de sus dolores, de sus noches malas, de la semana que había pasado sufriendo y aquejado de una enfermedad llamada histiocitosis, una disfunción del sistema inmunológico que provoca un aumento anormal de determinadas células (histiocitos) que pueden formar tumores y afectar a diversas partes del cuerpo.

Aprendí del joven y de su pasión. La semana que no acudía a la radio con la Gemio me sentía vacío. Él hablaba de *Sherlock Holmes*, de *Robin*

Hood, de *Moby Dick*, de *Don Quijote de La Mancha*, de *La vuelta al mundo en 80 días*, de *La isla del tesoro*, de *Los tres mosqueteros*, de *Ben-Hur*, de *Los miserables*, de *El señor de los anillos*, de *Rebelión en la granja*, de *Cien años de soledad*, del *Lazarillo de Tormes*, ..., hablaba de los miles de libros que había leído. Pero también hablaba de los cuentos que escribía, que había escrito y que vendía para ayudar a su tratamiento.

Rubén Darío se nos fue. Nos dejó y se marchó a alegrar la vida a otros. A seres que no observamos, pero que sí nos contemplan. Nos miran diariamente, determinan la causa por la cual hemos dejado marchar a un niño con super poderes. Y su único poder era el amor por la literatura, por la cultura, por los libros. Hasta siempre Rubén Darío.

UN LIBRO*

Como en este país se lee poco y mal, los grandes grupos editoriales, y otros no tan grandes,
se han empeñado en sacar dinero de cualquier
forma. Si los libros se venden poco, pues vamos a
fabricar libros a diestro y siniestro y a sacarle los
cuartos a las personas que siguen pensando en el
tópico: plantar un árbol, tener un hijo y escribir
un libro (y verlo publicado). Los miles de euros
que solicitan estas editoriales de autoedición son
un jugoso beneficio para sus tesorerías. Y nos
vuelven a demostrar que la literatura, a ellos, les
importa un *cabrahígo*.

El último que se ha apuntado al carro ha sido
el grupo Planeta. Ha creado una plataforma de
autoedición (ellos dicen que profesional), llamada

---

* Esta columna no llegó a ser publicada, debido a la presencia del grupo Planeta en el capital social de la gran mayoría
de los medios de comunicación de España.

Universo de Letras. Por 249 euros más IVA ya podrá decir que ha escrito un libro y cumplir su tópico (después de tener un hijo y de plantar un árbol). Se trata del pack básico. Le entregan, además, al autor un ejemplar del libro. Pero si usted cree que ha escrito un best seller, pierda el cariño a 4190 euros más IVA, eso sí, le harán entrega de 100 ejemplares de su obra para que sus familiares y amigos lloren de emoción cuando tengan su libro entre las manos.

Menudo disparate. No tenemos bastante con la basura literaria que estos grupos nos cuelan como publicaciones para ahora querer sacar el dinero a los autores que sueñan por un día en convertirse en los autores más vendidos de la literatura. No tenemos nada, todo lo contrario, contra la autoedición, pero sí contra el saqueo literario o la basura literaria. Esa célebre frase de José Martí, aquello de tener un hijo, plantar un árbol y escribir un libro, se nos hace cada vez más difícil, o más fácil, según se mire. Sigamos leyendo con criterio, en el criterio está la lógica de toda realidad.

ARTE

Escribía Rilke a Franz Xaver Kappus, cadete de la escuela militar austrohúngara y poeta desconocido: *El propio arte no es más que una forma de vida, y puede uno prepararse para él viviendo de cualquier manera, sin caer en la cuenta. En toda realidad se está más cerca de él que en las profesiones irreales, pseudoartísticas que, dándonos la ilusión de estar cerca del arte, prácticamente niegan la existencia de todo arte y lo dañan, como por ejemplo lo hace el periodismo en pleno, y casi toda la crítica y las tres cuartas partes de lo que se llama y quiere llamarse literatura.*

Para encontrar la verdad para uno hay que apartarse de la verdad de los otros. Y en el fondo para estar en el arte hay que apartarse del arte, de aquello que se denomina arte y no es más que una mentira, la falsedad del arte. El arte verdadero, el original, se aparta de toda concepción ya determinada o predispuesta, de las modas, del éxito pasajero, de las ventas masivas. El auténtico arte se crea por el artista gracias a sus cualidades y a su estudio permanente y constante.

La vocación artística está llena de dudas, de dudas sanas y reales. Pero así debe ser, sin la duda el arte no adquiere su categoría. Sin las dudas ese intento de arte nunca se convertirá en arte verdadero. La sociedad actual, y leyendo a Rilke descubrimos que ha ocurrido siempre, se deja llevar por lo caduco, lo efímero. Y el arte, según su propia naturaleza, es universal y eterno.

Nunca lea lo que más se vende, ni siquiera aquello que vea anunciado a bombo y platillo, lea literatura de verdad, aquella que le llena y le alimenta, aquella que es capaz de mantener ese equilibrio entre la heroicidad y el placer. Y no olviden las palabras de Rilke, los pseudoartistas *niegan la existencia de todo arte y lo dañan*, ese arte negado suele ser el auténtico.

DESINTERÉS

Hay desinterés por la literatura, por la cultura diría. Aquellos que difunden y promulgan cultura los conocemos a todos, con nombres y apellidos. No se puede difundir para obtener gratis los libros que uno quiere o no quiere leer. Consigues que la editorial te mande los libros, haces la pésima y lamentable reseña o aproximación de uno de ellos y te has ganado su confianza. Y así sucesivamente. Te has garantizado gratuidad de lectura por un segundo.

Las modas pasan, al igual que las estaciones, y si pretendes presentarte como alguien *importante* lo llevas claro, aunque hayas publicado en una editorial importante. No, no se puede vivir en la cultura sin humildad. Es imposible. Sin humildad consigues tan solo el éxito momentáneo, el presente, el instantáneo. Y la cultura o el arte son eternos y atemporales, pero parece que estos términos son muy difíciles de aceptar, sobre todo por la falta de humildad. Muy difíciles de asimilar.

Hay críticos, que si te hacen una reseña te están haciendo una putada. ¿No lo han pensado? No es que no lo hayan pensado, es que es evidente. Y tan anchos, la publicitas y te regocijas de tan magnas palabras. En realidad, nunca se te ocurre leerla detenidamente, con la dulzura y la pasión que se merece, te da vergüenza, sientes vergüenza o escalofrío, que es lo mismo.

Hay desinterés, el personal desea el postureo de las redes sociales antes que la lectura de verdad. Y no se sabe leer, pero esto es otro tema del que hablaremos en otra ocasión. Hay que bajarse al mundo, y remangarse, y aceptar todas y cada una de las consecuencias que otorga, gratuitamente pero con dolor, la cultura. Y ser consecuente con las lecturas, y con las actuaciones. Y muy por encima de todo, ser humilde. No hay cultura sin humildad. Lo que hay es vacuidad.

LA PALABRA AUTÉNTICA

Me resultan fascinantes los escritos de Louis Massignon sobre la palabra humana como testimonio. Dice el arabista francés: *La palabra humana está hecha para comunicar y hacer partícipe, no de los ecos de ruidos confusos, sino de las llamadas que despiertan, persuaden y arrebatan.* Y Massignon me recordó ese "A imitación de prólogo" que escribió Luis Rosales como frontal a *La casa encendida.* La sinceridad del poeta granadino era sublime, utilizaba la palabra como ese testimonio, como equilibrio de esperanza, como memoria de la propia vida. Es la *unidad de vida personal* que decía Rosales.

No hay mejor maestro que el cultivo de la palabra, de la palabra auténtica, aquella que es capaz de acercarnos a nosotros mismos y, a su vez, a ese yo en nosotros, en todos y cada uno de los interlocutores ausentes y presentes. Y esa palabra, si es poesía, consigue arrebatarnos y entregarnos a la vez todo aquello que falta, cuanto necesitamos.

El contenido del corazón de Rosales es un ejemplo claro de lo que decimos. Su lectura nos evoca, sus palabras nos llegan, pero lo que realmente nos sacude es la verdad que contienen, esa sinceridad manifestada en la propia humildad de los grandes, en esa *"ceniza"* que decía Rosales. Por más que vivamos en una sociedad evolucionada, y que prosigue su camino a pasos agigantados, hay que dejar espacio a la palabra, debe ser la protagonista de nuestra comunicación, la compañera permanente, debe ser la verdad y la humildad constantes.

Finalizamos con estas palabras, desde luego sublimes, de Massignon durante una conferencia en El Cairo: *En sentido pleno, la palabra es un salmo, una plegaria arrancada fuera de nosotros mismos. Y como mínimo, una palabra es una demanda de explicación complementaria, no un simple consentimiento.*

PASIÓN

Si no tienes miedo a la poesía, al arte, no la respetarás, ni la admirarás, ni la amarás. Al menos como lo hicieron Béla Bartók, Sándor Veress o György Ligeti. Tres húngaros, tres maestros de la música que nos dejaron unos atriles repletos de grandezas, unas peculiaridades propias de ellos que se fundamentan en la más alta expresión del arte. De Bartók (1881-1945) nos quedamos con todo, pero tal vez su sistema compositivo, que su proporción áurea sea sublime: acordes, escalas, intervalos. Nos interesa mucho su concepción de las estructuras musicales.

De Sándor Veress (1907-1992) también admiramos su obra. Tal vez nos atraigan mucho sus estudios sobre la música folclórica húngara. Bajó para encontrar las raíces, los orígenes, la esencia, pero sin abandonar nunca el rigor y las fuentes de conocimiento. Ligeti (1923-2006) ha estado muy presente en la actualidad, el director Stanley

Kubrick usó sus obras como parte de las bandas sonoras de algunas de sus películas: *2001: Una odisea en el espacio*, *El resplandor* o *Eyes Wide Shut*.

Tal vez manifestemos la pasión, nuestra pasión. Porque en realidad sin música no hay poesía. Sin música no hay arte y sin arte acabamos embrutecidos. Por ello, la música se convierte en uno de los tratamientos para modificar los estados de ánimo y hasta el comportamiento, para hacernos mejores personas. La música está relacionada con el bien, con la belleza, con la bondad. Busquemos lo bello y lo bueno, que en definitiva es buscar el arte.

Tenemos que encontrar nuestras propias habilidades para incorporar el sentido del ritmo en nuestras vidas, y hasta el sentido de la audición. Fue Nietzsche quien escribió una vez que *sin música la vida sería un error*. Errores de *vultus*. Cada uno tendrá sus pasiones musicales, todas son válidas, todas son arte.

SPINOZA

Tal vez sea uno de los pensadores con más vigencia en estos momentos. Sorprende al lector de Spinoza (1632-1677) la actualidad de un filósofo del XVII que anticipó en varios siglos los debates contemporáneos sobre muchos aspectos fundamentales. Su concepción de la condición humana lo lleva a ser un hombre lúcido y elevado. Los textos de Spinoza *enseñan a vivir y sirven para la vida*. Lo escribió Deleuze, uno de sus mayores especialistas. La obra del filósofo de Ámsterdam, y de raíces ibéricas, nos lleva a la búsqueda de las causas y los efectos, pero incluso a comprender esa búsqueda, a indagar en ello.

Alejandro Boverio, otro conocedor de la obra de Spinoza nos dice: *La obra de Spinoza se articula alrededor de una pregunta que sigue asediándonos: ¿Por qué los hombres luchan por la servidumbre como si lo hicieran por su salvación?* Pensar en la libertad como sabiduría, ejercer la compasión ante el dolor ajeno, perfeccionar las democracias, la esclavitud que provocan el miedo y el odio... Son algunas de las líneas de su pensamiento. Su filosofía es realista. Claro ejemplo era el sentido de la democracia que propugnaba. Spinoza concebía una democracia participativa y no una representativa, que es como la vivimos en estos tiempos. La democracia, si escucháramos a Spinoza, debería estar fundada en algo mucho más profundo y duradero: el vivir democráticamente. Leer hoy a Spinoza es pura pasión, quizá un deber.

No quiero dejar pasar la oportunidad de agradecer el trabajo del equipo de profesionales que nos están presentando las *Obras Completas* de María Zambrano publicadas por Galaxia Gutenberg, un trabajo maravilloso. La pensadora malagueña estaría orgullosa del resultado. Acaba de aparecer el tomo I del volumen IV que incluye libros tan importantes como *Claros del Bosque* o *De la Aurora*. Si pueden, háganse con un ejemplar.

TODO ES POESÍA MENOS LA POESÍA

9 de cada 10 libros que se publican en España son basura, o lo que es lo mismo: 900 de cada 1000 libros publicados son eso, basura. Se han empeñado las editoriales, que se hacen llamar independientes, en presentarnos traducciones que precisan de un manual de entendimiento, de comprensión y hasta de justificación. Las otras editoriales, las multinacionales, solo publican basura, y no merecen el más mínimo comentario. El ensayo ha dejado de ser ensayo para convertirse en panfletos de mala divulgación. Y la poesía, oh la poesía, como decía Nicanor Parra en un artefacto: *Todo es poesía menos la poesía*. Pero se ve que los que se hacen llamar inteligentes entendieron mal el fondo del artefacto del poeta chileno.

Y si a todo esto sumamos que la generalidad no lee, que las faltas de ortografía abundan en la universidad, en la vida cotidiana, y hasta en las publicaciones y en los medios de comunicación, pues eso, que "todo es poesía menos la poesía". No sé lo que ustedes pensarán, pero a mí, alguien que escribe con faltas de ortografía no me causa el más mínimo respeto, no dispone de ninguna credibilidad.

La poesía ha dejado de ser poesía y se ha convertido en ramas secas de un tronco sin savia. Por un lado, tenemos a los cursis, a los pastiches benevolentes incapaces de llenarnos de emoción. Por otro a los listos que han visto el filón de la incultura y la desdicha. Y por último a los camicaces de la palabra sin palabras.

Acababa un poeta de verdad un artículo en un suplemento nacional con las palabras "Pobre poesía". Pero la poesía está, ha estado y estará. Y será minoritaria. Y será auténtica. Y llenará de verdad los corazones y las mentes. Y alimentará de luz las sociedades. Pero aquello que hoy llaman poesía, y dicen que vende, eso, eso no es poesía.

TUS MUERTOS

La muerte de un artista suele dejar un hueco importante, de un artista de cualquier manifestación: literaria, pictórica, musical... La muerte de un artista se considera una pérdida irreparable, tan solo solventada por su legado, por todo aquello que nos deja para uso y disfrute de la humanidad, para nuestro deleite y alimento permanentes.

Pero en muchas ocasiones cuando un artista fallece nos hacemos eco de ello poniéndonos de protagonistas, restando incluso importancia a la grandeza de su obra. Somos nosotros, en este caso, los que no difundimos por mero reconocimiento y sin contrapartidas todo lo que nos ha transmitido el difunto.

Incluso nos vanagloriamos de hacer públicas fotos con ellos, descubrir a la opinión pública correspondencia sin valor alguno. Tan solo para sentirnos protagonistas de un fallecimiento ajeno. La mejor manera de reconocer la grandeza de la obra de alguien que ya no está entre nosotros, es su difusión, su difusión sin contrapartidas, su difusión sin protagonismos, su difusión por la propia naturaleza de esa obra y su posterior o simultánea grandeza.

En este caso no hay que mencionar ejemplos. Son conocidos de todos. Desgraciadamente los grandes nos suelen dejar cuando les llega su hora. También aquí hay que saber diferenciar a los grandes de los aprendices, pero ese es otro tema para otro momento. Ya lo escribió Luis Rosales: *Porque la muerte no interrumpe nada*. Aunque seamos nosotros los que nos entrometamos en interrumpirla y, en más de una ocasión, en hacerlo sin haber valorado la enormidad de la pérdida.

Toda pérdida suele ser una ausencia, una privación corporal. Y nos quedan sus obras que nunca serán ausencias. Pero las ausencias nunca serán "tus muertos", deben ser "los muertos", los muertos de todos aquellos que admiran el arte y la grandeza en todas sus manifestaciones.

BAMBÚ

Escribía George Santayana en *Los reinos del ser* (1942) que *La fantasía poética, creativa y original, no es una forma secundaria de la sensibilidad, sino su primera y única forma.* Y añadía, además: *Las bellas artes son, pues, más antiguas que el trabajo servil, y la cualidad poética de la experiencia es más fundamental que su valor científico.*

Confirmado, ya hay más escritores que lectores. Y también asegurado, ya hay más editoriales que lectores. Estamos en una época provechosa. O mejor dicho, ajena al provecho, porque la mayor parte de lo que se publica no tiene ningún interés literario. Los escritores y las editoriales crecen como el bambú en los humedales. El escritor tiene necesidad de publicar, y las nuevas editoriales (y muchas de las antiguas), el único filtro que poseen en la actualidad, es el de la venta. Si algo vende, da igual que no sea literatura, se publica.

Una editorial debe seguir siendo un filtro, pero un filtro literario, ajeno a las modas y al *marketing* de la venta fácil. Sin ese filtro, que debe ser ajeno igualmente a los gustos, el bambú se convierte en humo. Los lectores, que siempre tienen razón, aunque nos pese en algunos casos, ayudan poco. Pero deben recibir verdadera literatura para poder juzgar y, para emitir un juicio. Para esto el lector debe disponer de un criterio. Filtro y criterio son unos de los términos fundamentales que hoy día escasean. Y el resultado lo pueden comprobar, bambú, solo bambú, que pertenece a la familia de las poáceas o gramíneas, y estamos ya atacados por la alergia. Las mesas de novedades se llenan de basura alérgica.

Pueden o no pueden estar de acuerdo con estas palabras. Pero Santayana apostilla: *Si cada uno se declara competente y próspero en su propio mundo, nada sabría del mundo de sus vecinos.*

DECENCIA

La decencia y la esencia están muy conecta-
das. Tanto que una nos acerca a la otra y vicever-
sa. Esencia es ser, y esencia es estar en armonía
con la naturaleza. En las últimas semanas se han
otorgado algunos premios literarios, premios
ausentes de esencia, premios que abandonan la
decencia. Porque los premios de nuestro tiempo
son el reflejo del fracaso de nuestra sociedad, el
escaparate de nuestras miserias.

Se confunde la esencia con lo siniestro, es
como si la cultura hubiera entrado en un clima
de presbicia generalizada. Como si fuera la cul-
pable de esta confusión. Lo de las calles de Cataluña es un ejemplo perecedero de la ausencia
de cultura, de la falta de educación. Y todo esto
trasladado a la literatura, al arte, nos lleva a una
realidad cultural ausente de contenido, de falta
de esencia. Hoy hace falta en la cultura más ética
que estética. Más verdad. Vence el más tonto, el

más lelo. La literatura ha pasado de ser esencia para convertirse en una foto de Instagram. La literatura ha dejado de ser un aliciente, ahora es puro accidente, irracional, e inexplicable. No se escribe literatura, y aquellos que lo hacen permanecen en el bello anonimato del silencio, en la compañía paciente de la soledad, en el trágico y bello sentido de la esencia verdadera. Y lo hacen con decencia.

Negar la ética es perder la esencia, es vivir sin decencia, sin cultura, sin arte. Alejados de lo bello y lo bueno. Pero no queremos escuchar la verdad de las cosas. Nos vale la mentira, nos llena la indecencia, nos acoge la vulgaridad que siempre es mediocridad.

Escribía Krishnamurti: *Sin experimentar la esencia, no hay belleza. La belleza está meramente en las cosas exteriores o en los íntimos pensamientos, sentimientos e ideas; la belleza existe más allá de este pensar y sentir. La belleza es esta esencia.*

DEFENSA DE LA LECTURA

Cada día que pasa estoy más convencido de que la escritura es el hermano menor de la lectura. Y más afianzado en que debe ser así. La misión del escritor no consiste en ser escritor, ni en adornarse de todo lo que ello conlleva. La misión del escritor es la de ayudar al lector y enamorarlo de la lectura y en la lectura.

En absoluto se es escritor por el hecho de recibir un premio literario, se es escritor y se debe escribir para ayudar a leer. Pero esa lectura, y esto también hay que enseñarlo, tiene que educarse. Si leemos los libros o los textos de las redes sociales, las críticas fingidas de los suplementos, el laconismo de las fotos que inundan nuestros móviles, entonces no leemos, ni aprendemos, ni somos en definitiva lectura. Hay que saber qué debe leerse, y alejarse de la banalidad, de toda la estupidez humana, en definitiva.

Escribía Orwell en 1936: *Vistos en masa, cinco mil, diez mil de golpe, los libros se me antojaban aburridos e incluso nauseabundos. Hoy en día hago alguna que otra adquisición ocasional, aunque solo si se trata de un libro que deseo leer y que no puedo pedir prestado. Nunca compro morralla. El olor dulzón del papel deteriorado ha dejado de resultarme atractivo. Lo relaciono muy estrechamente con los clientes paranoicos y los moscardones muertos.*

Al igual que somos esclavos de la vida, no podemos ser esclavos de nuestras lecturas. Debemos escapar y retomar la libertad, una libertad que solo aparece en las lecturas elegidas. Blanca Andreu dejó escrito *un pájaro es un ángel inmaduro.* Y los escritores que escriban para ayudar al lector y para defender la lectura, también son ángeles inmaduros. Y digo inmaduro porque no hay nada más bello que la inmadurez, o tal vez sí: la alegría de lo imperfecto.

DIVULGADOR IRRACIONAL

Da la impresión de que muchos de los artículos que se publican en los medios vienen a ser algo así como para "apacentar a las cabras", aquello que hacía *Dafnis* en la antigua novela de Longo de Lesbos. Nos dice Santayana en *La vida de la razón*: *La vida es un equilibrio, mantenido unas veces gracias a que se aceptan las modificaciones, y otras gracias al hecho de imponerlas.*

Luis Alemany publicaba en un medio un extenso artículo sobre la lectura en relación con la inauguración de la Feria del Libro de Madrid. En él daba datos concretos, y sacaba conclusiones en las que podemos o no podemos estar de acuerdo. Pero sí nos sorprende cuando habla de la demanda de ensayos, y de la venta de estos. Los ensayos que se escriben en la actualidad, en gran medida, están creados por "divulgadores irracionales". Hoy día cualquiera puede escribir un ensayo. Establezca un tema de actualidad y escriba, editorial tendrá para publicarlo. Pero ese, digamos, ensayo, ni es ensayo ni es literatura.

Ocurre algo similar con los "rescatadores". Esos editores que se han empeñado en sacar a la luz libros de mujeres y de hombres del pasado, de segunda y tercera división, y meterlos por los ojos. Si antes no triunfaron, ahora solo gustan a las cabras. De los datos del artículo de Alemany también sacamos algunas conclusiones. Que no se lee lo que se debiera. Que las editoriales venden cada vez menos. Que la literatura en sí no vende. Que lo único que vende, y cada vez en menor proporción, es la novela basura, es la poesía basura y es el ensayo basura. Qué poco cuesta encontrar un *best seller*. Que digo yo, no sería más fácil seguir leyendo a los clásicos. Un valor seguro y sin experimentos. Olvidémonos de una vez por todas de los "divulgadores irracionales" y de los "rescatadores". Nada y eso es lo mismo siempre.

EL INTELECTUAL

Hay que leer a Juan Cruz. Para bien o para mal hay que leerlo. Aunque solo sea para leer lo que no se debe leer. Hay que conocer lo que piensan y trasladan los intelectuales del momento. Hoy en día se habla de tantas cosas que un lector inconsciente, o inculto, puede sacar conclusiones erróneas. Hoy día, da la impresión de que "todo vale", cuando en realidad no vale absolutamente nada. Me ha pasado recientemente con un artículo de Juan Cruz sobre María Zambrano, "Ceniza y luz de María Zambrano" se titulaba. Ah, si la Zambrano viviera. Si levantara la cabeza y leyera a Juan Cruz, o a Colinas, o a Rogelio Blanco. Estoy seguro de que la agacharía prontamente y se volvería a esconder.

Este verano coincidí en el hotel al que nos mandó la entidad organizadora de unos actos, con un escritor. Uno más de los miles que inundan los escaparates de las librerías. Él, con sinceridad y un poco de sorna, reconocía que había tenido suerte. Uno de sus libros recibió, con los honores propios de un *marketing* bien pagado, con posicionamiento y con alevosía, un premio importante. Y vendió algo (ya se miente hasta en los libros vendidos, colocan solapas de segunda y tercera edición a las devoluciones de las distribuidoras).

Pues eso, una editorial de prestigio, la pasta y el movimiento. Y nuestro intelectual reconociendo que había tenido suerte. El libro ni siquiera es mediocre, es malo (él lo definía así con esa media sonrisa de la hipocresía), pero recibió abundantes críticas y fue elevado al canon filológico.

Y *ahora* —me decía con cierta vergüenza— *todo lo que escribo vale. Me piden libros todas las grandes. Escriba una mierda o un plagio, todo lo que creo vale. Ya todo vale.* Esta es la literatura del momento, la del falso intelectual. La literatura de la mentira y el vacío.

LA EXPULSIÓN

El 27 de enero de 1939, poco después de la capitulación de Barcelona, María Zambrano, su hermana Araceli, su madre Araceli Alarcón, dos de sus primos (José y Rafael), y algún personal de servicio, salen de España. Y debería decir, son expulsados de España, porque un exilio es una expulsión flagrante. Les queda el largo viaje y su camino: Figueras, La Junquera, Le Perthus, Salses, y poco después París, y Nueva York, La Habana, y México.

En la ciudad mexicana de Morelia imparte clases de Historia de la Filosofía y, de allí, a La Habana, Puerto Rico. Entre Puerto Rico y Cuba escribe el artículo "La agonía de Europa", que después dará título a un libro. En San Juan escribe su tercer escrito "político", tras *Horizonte del liberalismo* (1930) y *Los intelectuales en el drama de España* (1937): *Isla de Puerto Rico (Nostalgia y esperanza de un mundo mejor)*

(1940). Y es esa agonía, la que ella padecía en esos momentos (1940), recordemos que su madre estaba muy enferma en París junto a su hermana Araceli, un París invadido por los nazis, la que le da fuerzas para seguir escribiendo y trabajando en su pensamiento.

El 7 de noviembre de 1944 escribe a Rafael Dieste una carta en la que le indica: *Hace ya años, en la guerra, sentí que no eran "nuevos principios", ni "una reforma de la Razón" como Ortega había postulado en sus últimos cursos, lo que ha de salvarnos, sino algo que sea razón, pero más ancho, algo que se deslice también por los interiores, como una gota de aceite que apacigua y suaviza, una gota de felicidad. Razón poética... es lo que vengo buscando. Y ella no es como la otra, ha de tener muchas formas, será la misma en géneros diferentes.*

No hay mejor manera de definir el sentimiento de expulsión que ese que María Zambrano escribió en su libro *Los bienaventurados* (1990): *De destierro en destierro, en cada uno de ellos el exiliado va muriendo, desposeyéndose, desenraizándose.*

LECTURAS

Al igual que para Georges Didi-Huberman
existen las luciérnagas de la juventud, para nosotros y para todos los lectores, existen las auroras
de la juventud, utilizando el término "aurora"
de María Zambrano. Se trata en definitiva de
buscar la luz, el nacimiento de la claridad cada
mañana en un texto que pueda y sea capaz de
reconciliarnos con nosotros, con nuestros deseos,
con nuestros ímpetus, con nuestras necesidades.

Preguntaba Sócrates en el diálogo platónico
Filebo: *¿En qué consiste, Protarco, que haya
temores verdaderos y temores falsos, esperanzas verdaderas y esperanzas falsas, opiniones
verdaderas y opiniones falsas?* Y Protarco responde brevemente sin dar la respuesta acertada.
Es entonces cuando Sócrates, manifestando su
sabiduría, dice: *Porque debemos renunciar absolutamente a todos los rodeos y discusiones, que
nos separen de nuestro objetivo.*

Todo aquello que nos aparte de nuestra claridad, de nuestra luz, debe ser rechazado. Y debemos acostumbrarnos a realizarlo en nuestra juventud, para así llegar a la madurez convencidos de la realidad de la propia esencia. Las lecturas deben ser y son nuestro alimento, pero es bueno saber elegir esas lecturas. Podemos encontrar esta claridad en Spinoza, o en el *Fausto* de Goethe. Solo así llegaremos a la "σωφροσύνη", a la "rectae mentis propositum".

Y hoy Landino nos hace terminar: *È adunque poesia non dirò una dell'arti degl'antichi chiamate liberali, ma la quale tutte quelle in sé comprehendendo... Nec spe nec metu*, sin esperanza y sin miedo, sin interés y sin recelo. Tomemos nuestro libro, nunca el que nos indiquen, el canon lo fabricamos nosotros. Y sumerjámonos en su lectura, en la atenta lectura del descubrimiento. Y si es de un clásico, mucho mejor. Los clásicos no entendían del canon cuando escribían o leían.

MIOPES INTELECTUALES

El informe PISA de 2018 no ha hecho públicos los resultados de las pruebas de Lectura de España. La OCDE ha decidido no publicarlos por un *comportamiento de respuesta inverosímil de los alumnos.* Leo en un medio que a preguntas del tipo: *¿Los aviones están hechos de perros?*, un gran número de alumnos españoles respondió que sí, además de hacerlo demasiado rápido.

Los conocimientos deberían importar, cada vez más. Y todas esas teorías que defendían que los conocimientos no importaban están sufriendo una involución. Una muestra de ello son los resultados de PISA, no solo en España, pueden consultar otros países. La caída de Finlandia es significativa. Hace unos años era un país modélico en educación. Y va para abajo. ¡Hay tanto neopedagogo suelto por aquellos lares!

Si no se cuidan los conocimientos, y la lectura desde luego es el meollo, dice el informe que: *será menos probable que los estudiantes disfruten de bienestar como adultos.* Tanto progresismo y tanto avance tecnológico anula la lectura. Y sin ella no seremos nada nunca. Y los jóvenes menos.

Un aforismo de Schopenhauer dice: *Un miope intelectual, ya que su entendimiento intuitivo ve nítidamente de cerca y, en cambio, tiene un estrecho campo de visión en el que no cabe lo lejano.*

Nos estamos cargando de miopes intelectuales. Hoy día el intelectual se apodera de la bandera progresista, y la agita al viento para demostrar que existe. En realidad, solo le sirve para eso, para demostrar que existe y que es un progre, ¿o tal vez debiera decir un pobre intelectual? Mientras sigamos haciendo caso a los "neopedagogos" progresistas, se leerá menos, cerrarán librerías, y las editoriales seguirán publicando basura, ya que lo que nosotros consideramos basura para las editoriales son obras de arte, aunque desde luego nunca serán literarias, ni literatura ni cultura.

POÉXIT

Hay un dicho que indica que cuando un finlandés introvertido te habla se mira los pies, si el finlandés es extrovertido se atreve a mirar tus pies. Leo *Las niñas siempre dicen la verdad* de Rosa Berbel y encuentro en sus versos un tanto de introvertido y otro de extrovertido. Una mezcla coherente y acertada. Acudo a una entrevista en una revista digital para conocer un poco mejor a su autora y sí, Berbel tiene muy claro el camino que desea seguir, una búsqueda y observación de lo experimentable, que bien reflejan sus versos. Poesía sin maleza.

También tengo entre las manos *El sol y sus flores* de Rupi Kaur. Dice la faja que acompaña al libro que se han vendido más de cuatro millones y medio de ejemplares. Y recuerdo a Kafka y a sus claras expresiones *lamentable* o *deplorable*. También viene a la mente San Juan de la Cruz *Detente, cierzo muerto*, o las palabras de Rilke

Dictámenes de bandería que sostienen hoy una cosa y mañana la contraria.

Poéxit, lo de Rupi Kaur es *poéxit*, o lo que es lo mismo, un amago de poesía que reina en la república de las letrinas, algo así como la Némesis, la justicia retributiva. No sé si otra definición puede ser "patulea", o tal vez "patullar". ¡Es tan poco poético!

Dice Rosa Berbel en la entrevista que le molesta mucho que se hable despectivamente de la joven poesía. Y tiene razón, la poesía escrita por jóvenes anda en un proceso de búsqueda e indagación de propuestas valientes y rompedoras. Hay mucha poesía joven muy digna, pero aún en proceso de irrupción y de maduración, como debe ser. Lo contrario sería un error.

Lo que es poesía seguirá siendo poesía, lo que no es poesía es *poéxit*, o lo que es lo mismo, la cara de un finlandés mirándose o mirándote los pies. Nada más. No hay mucho más por más que se busque. Y si se busca se pierde el tiempo.

FEALDADES

Deseaba que llegara el viernes para cobrar esas monedas por las horas de trabajo que echaba en aquel bar nostálgico y oscuro, y acudir así a librerías de viejo en busca de algún tesoro. Un bar donde los clientes satisfacían la soledad con las tragaperras y el anís, donde se cambiaban más monedas que otra cosa, y donde bajo el mostrador me acompañaban los libros de Eliot o Leopardi.

Muchas veces dudé de la moralidad. Ahora dudo de la moralidad. Sería conveniente cambiar el término moralidad por el de educación. ¿Quién posee superioridad moral? ¿Quién vive acorde a una moralidad consecuente? La ausencia de educación nos hace caminar por las fronteras de la intolerancia, por el filo de una división inexistente pero que hemos creado nosotros mismos, por la lucha en disputas e insultos. Ausencia de educación, o no conocer la educación realmente.

Con la literatura me pasa algo similar. Lo que se lee y lo que se escribe ahora está hecho para confundir en vez de para agradar. Nos alejamos de lo bello y de lo bueno. Se crean fealdades, se traducen fealdades en vez de obras de arte. Antes, y no es nostalgia, la belleza de una obra de arte nos resultaba misteriosa, poseía ese don preciado de la hospitalidad, y se quedaba en nosotros lo bello y lo bueno, los deseos de cada uno se convertían en expectativas, en agrado, en experiencias.

Como escribía Dion de Prusa, un cínico: *Ahora está todo prácticamente lleno de hombres con apariencia de filósofos, y casi son más numerosos que los zapateros, los molineros, los bufones o los que trabajan en cualquier otra ocupación que se quiera.* ¿Cuál es el mérito real de las propuestas actuales? Lo desconozco, no lo encuentro. Puede que me visiten los prejuicios, pero soy consciente de que cambiar, sí, hemos cambiado, y el cambio es necesario y fructífero, pero siempre que nos siga acercando a lo bello y a lo bueno.

INVISIBLES

Tolstói nos dice que comenzó a leer y a pensar mucho a una edad muy temprana. Lo dejó escrito en *Confesión*. Leer y pensar siempre han estado unidos, en estrecha armonía, ya que leer es la manifestación de las cosas invisibles.

Un lector nunca debe ponerse en el lugar del autor del libro que lee, ni ocupar su posición. Un lector debe interpretar las experiencias que le otorga la lectura y ponerlas a prueba, incluso hacerse partícipe de ellas. En la dualidad escritor/lector tan importante es lo uno como lo otro, ya que si no existiera el segundo el primero no tendría sentido alguno. Leer es un acto espiritual, un acto de libertad, una lucha contra la ignorancia. Pero para leer se precisa, además de gafas si fuera el caso, una determinada formación, un criterio. Así podremos adentrarnos en esa manifestación de las cosas invisibles.

Nuestro mundo posee una doble dimensión, la visible y la invisible. Si nos limitamos a la primera nos convertiremos en ignorantes, en nostálgicos. La dimensión invisible es aquella que puede otorgarnos precisión, realidad y liberación, *ese invisible desenfreno de la mente* que escribiera Lewis. Leer nos acerca a la invisibilidad, y con ello nos adentramos en el mejor de los mundos posibles, el que contiene la sabiduría y la libertad.

Escribía Montaigne: *La lectura me sirve ante todo para despertar mi razonamiento con objetos distintos, para activar mi juicio, no mi memoria.* Con la lectura, y como diría Novalis: *Estamos más cerca de lo invisible que unidos a lo visible.*

Al leer con atención las obras de los grandes escritores descubriremos hasta qué punto somos libres, nadie podrá confundir nuestro entendimiento, y esto, en estos tiempos, es muy importante y muy necesario. Debemos ser invisibles ante tanta mentira y tanta mezquindad, para sobreponernos a ellas.

LIMBO

Leo el libro de Safranski *El mal o el drama de la libertad* y en él aparece: *El proyecto de utilidad social, en su forma noble, exige al arte que asuma la idea de la justicia.* Y claro ahora estamos sumidos en un limbo errático. La literatura, la cultura en general, ha entrado en ese estado de silencio donde predominan las estéticas personales y se abandona la ética, y con ello la justicia.

A decir verdad, tanto el limbo como el silencio son necesarios en la creación. Más que necesarios diría, pero asumidos como necesidad, como imperiosa reflexión para poder leer con calma, para poder destruir todo aquello que creamos y que no posee ningún valor. No todo vale y, desde luego, una estética sin ética no llega a ningún lado.

El limbo literario es eficaz, es como pasar de una etapa personal a otra, o, en su defecto, afianzar y alimentar la única etapa de tu producción.

Pero limbo no significa ingenuidad. Al final la razón siempre prevalece sobre esa ingenuidad y sobre la mentira. Por ejemplo, hace unos meses la editorial de turno y las distribuidoras del momento anunciaron el último libro de Blue Jeans, el que cierra la trilogía de *La chica invisible*. Y ¿a quién importó realmente? A sus editores, distribuidores y acólitos. A la literatura poco o nada.

La verdadera literatura precisa de ese limbo Un tiempo de pausa y silencio, de alimentación. No todo va a ser publicar y publicar, y menos configurar una estética ajena a la ética. El limbo es como, por ejemplo, la etapa posterior al *boom* del ladrillo. Y en literatura no todo vale. El enriquecimiento personal en literatura solo se consigue con la lectura, y con la lectura reposada, la clásica. Todo lo contemporáneo ahora es como esa cultura del pelotazo. Y los pelotazos en cultura no existen. Existe el arte auténtico y verdadero. Nada más.

TIEMPOS EXTRAÑOS

Va a resultar cierto eso que ha dicho Carla Bruni: *Solo hay dos cosas realmente importantes: el amor y la muerte.* Y puestos a elegir nos quedamos con el placer que nos otorga un libro entre las manos, pero un libro de los de verdad, de esos con papel, olor, tacto y cubiertas.

Vivimos tiempos extraños, tiempos donde un solo tema ocupa toda la atención mediática, y se trata de un asunto negativo. Las personas han venido a ocupar un segundo plano, tan solo se les tiene en cuenta como cifras, números de un inmenso genocidio. Y si a las personas se las trata así ni hablemos de la cultura, hoy en día la gran desconocida, maldita en todas las maldiciones posibles. Se han suprimido ferias, actos, encuentros, multitud de actividades que alimentaban a las personas de belleza, de bondad, de virtud. Un alimento tan importante como poder respirar libremente o dar y recibir abrazos necesarios.

Lo que se le está haciendo a la cultura acabaremos pagándolo muy caro. Por más que se empeñen algunos organismos en publicitar encuentros y actos virtuales forzados, por más que otros nos hagan ver que están ahí, cuando la realidad nos indica que ahora no están porque nunca han estado. La ausencia de cultura nos dejará un hueco insalvable en nuestras vidas.

Es necesario reactivar la industria cultural, pero no de boquilla, de hecho. Demostrar y manifestar su importancia en nuestras vidas, potenciarla, y hacerlo con medios y con recursos. Interesa poco a los responsables que amemos la cultura, que nos alimentemos de ella.

Los organismos culturales han demostrado, una vez más, que mientras sus funcionarios y empleados tengan su sueldo mensual, lo demás importa poco. Si ya lo decía Carla Bruni: *el amor y la muerte*. Con tanto amor aparente, están matando a la cultura.

EL LIBRO

Se dice que el primer libro fue el *Sutra del diamante* de China, 868 d.C. La xilografía imprimía en tablas o bloques de madera. Con posterioridad la impresión, ya tipográfica, también fue un invento chino, hacia el año 1000 d.C. Las técnicas de impresión elaboradas por Gutenberg hacia 1440 dieron origen a la producción masiva de libros, la imprenta creó el primer libro impreso, el *Misal de Constanza*, en 1449.

Con anterioridad, y mediante la escritura cuneiforme, los libros mesopotámicos estaban elaborados con tablillas de arcilla húmeda. Nada tienen que ver con el *Sutra del diamante*, y mucho menos con la impresión en papel de Gutenberg. Pero estos primeros vestigios datan de miles de años antes de Cristo.

A lo largo de la historia el libro ha sido un compañero de los seres humanos, incluso se ha venerado como objeto de culto. Su tacto, su olor, nos acompañan por nuestros infinitos viajes. Además, son una fuente de conocimiento inagotable.

En el siglo XXI la industria del libro nos llevó hacia la impresión digital. La mayor ventaja, la eliminación del almacenaje. Se pueden imprimir cantidades mínimas, se trata de una impresión bajo demanda que ofrece múltiples posibilidades. Pero, en sí, un libro es otra cosa. La impresión digital, a pesar de los múltiples adelantos y de la mejora del resultado final, no deja de ser un puñado de fotocopias encuadernadas. El nuevo Gutenberg se llama Dragona y está en una librería de Sevilla, y es capaz de imprimir un libro en minutos. Pero el nuevo Gutenberg nunca será Gutenberg, a pesar de su empeño.

Las grandes multinacionales siguen obstinadas en hacernos creer que lo malo es bueno, aunque seguirá siendo malo, y desde luego lo malo nunca será hermoso. Defendemos el libro como objeto y como literatura, y no como un puñado de fotocopias.

VACÍO

Parece que cada día nos conformamos con menos, con mucho menos. Tenemos delante de nuestros ojos auténticas maravillas y queremos defender lo indefendible, la mala literatura. ¿No será que nos hemos convertido en divulgadores de la mentira? ¿O tal vez somos incapaces de reconocer lo que realmente merece la pena? Mucha culpa de ello la tiene nuestra horizontalidad. Vivimos para quedar bien, para manifestar en redes sociales nuestro compromiso (¿qué compromiso?), en vaciar nuestras mentes cubriéndolas de mediocridades, es la horizontalidad.

Escribía Rafael Cadenas: *Quisiera que este trabajo fuese testimonio de un recio amor.* Y tal vez falte amor, amor verdadero, pero ese descubrimiento tan solo es posible con la lectura de los clásicos, con la lectura y con la relectura, olvidar para siempre lo que nos llega que ya hasta ha perdido el sentido del ritmo, el sentido del tono, y el sentido de la verdad. Sí, es la horizontalidad.

Y cuánto daño hace la filología en todo esto que comentamos, esa cantidad de estudios innecesarios, con múltiples notas; la carrera filológica es ahora la carrera de la ignorancia. Si conseguimos dejar atrás nuestra horizontalidad y levantamos un poco más la vista, aunque moleste ya que no estamos acostumbrados, procederemos a visualizar un inmenso descubrimiento, conseguiremos acercarnos un poco más a la verdad, a la auténtica verdad, que es amor.

Escribía Auden en su breve ensayo *Lo frívolo y lo serio*: *El hombre desea ser libre y desea sentirse importante. Esto lo pone en un dilema, pues cuanto más se emancipe de la necesidad se sentirá menos importante.* Terminaba Auden el ensayo: *Ningún ser humano puede hacer feliz a otro.* Y añado, salvo los clásicos. Y Rafael Cadenas finalizaba la frase anterior escribiendo: *El amor a la lengua.*

CRITERIOS

Tras el regreso hemos retomado el desayuno semanal. Y todo hay que decirlo, volvemos a buscar el nombre y los apellidos de ese intelectual que merezca una entrevista. Lo cierto es que cada vez pedimos menos. Como escribía Cioran: *La conversación solo resulta provechosa con los exaltados que han dejado de serlo.* Ya hablamos de que se trataba de un diálogo de interés, alguien que pueda aportar lo que queremos (y debemos) escuchar voluntariamente. Y no porque lo digamos o lo deseemos nosotros, es una necesidad social, y también artística.

No hay muchas formas de entender la literatura, aunque se empeñen en indicarnos lo contrario. Lo fácil sería decir que hay muchos registros, muchos tonos, formas dispares y diferentes, que confluyen en una única "literatura". Pero lo cierto es que no hay muchas formas de entender la literatura, ya que literatura solo hay una.

Algo así como lo que se lee en *El Quijote*: *Antes le pidió perdón del agravio que le había hecho forzado de cumplir con las obligaciones precisas de su mal oficio.*

Hemos acabado denominando literatura a aquello que no lo es. La mayor parte de lo que se escribe no es literatura, aunque parezca lo contrario. Es un mal oficio que se acepta y se acoge. El camino contrario al conocimiento.

A lo largo de la historia, de nuestra historia, desde que hemos adquirido el uso de razón hasta la actualidad, podemos forjarnos un criterio. Cada persona podrá tener un criterio diferente, un propio criterio, eso es la pluralidad, pero resulta que todos esos criterios son falsos, ya que ninguno es auténtico, provienen de nosotros. Y mientras no seamos capaces de sustituir ese nosotros por el concepto "belleza" seguiremos inmersos en el vicio y la arrogancia.

La literatura de verdad está por encima de los criterios, y de los registros, y de los tonos, y de las entrevistas. La literatura de verdad está por encima de los propios autores. La literatura auténtica, comenzará a ser Literatura después de que, al menos, hayan transcurrido 500 años.

SERVILISMO CRÍTICO

Hay autores que en vez de escribir un libro para intentar aportar lo que deseen aportar, esperan como agua de mayo que les llegue esa crítica o aquella reseña mucho antes de haber publicado la obra. Los hay que mandan hasta las pruebas de autor a los reseñistas, para ver si cae la breva prematura de la higuera.

Hay autores también que acuden a los actos con una bolsa repleta de sus obras, y a quien le pueda hacer una reseña le endosa un libro dedicado (o dos), con amor y detalle, y si es posible, con colores en las grafías.

La crítica y el servilismo llevan caminos paralelos. Hay críticos que solo hacen reseñas de libros editados por las editoriales que le han publicado una obra (o dos). Otros lo hacen reiteradamente, y cuando el editor está satisfecho del buen trato recibido aprovechan para entregarle un libro para su publicación (o dos). Los hay hasta que hacen reseñas de sus propias obras.

Una parte de la crítica sigue siendo lo que era, aunque, a decir verdad, nada ya es lo que era. Tal vez sea en este ejercicio comunicativo donde comprobamos más servilismo, unas formas rastreras que se alejan en sí de la literatura.

Chico conoce a chica (o a chico) en un acto y le escucha que es amigo de fulanito o de menganito (que puede interesarle para sus pretensiones espurias). En ese momento cambia de actitud. Pide su obra para realizar una reseña y, aunque no lea el libro, lo pone por las nubes. Hasta se lo manda cuando sale publicado para que compruebe que su generosidad no posee límites.

Procuro decir a todos aquellos interesados en la lectura de una obra que nunca se lean una reseña. Que sean ellos, además de lectores, sus propios críticos. Y desde luego que lean a Cervantes. ¿Hay que leer algo más si en Cervantes está todo?

Esto es un poco como las firmas en una feria de libros. Quitando a los cuatro *best seller* de turno, el resto, que no firma, se dedica a hacerse *selfies* para publicarlos en sus redes sociales. La petulancia firmante.

NOSTALGIA DE LO IMPOSIBLE

La industria cultural también se queja de la subida de la energía: editores, impresores, librerías. Todos manifiestan que acabará por repercutirse en el precio de los libros. Los autores seguirán cobrando (o no cobrando), como estúpidos y miserables, el porcentaje acordado de un juego manido, mientras comprueban, tras la desproporcional subida, que sus libros solo los adquieren sus tíos, los vecinos y ese autor (o amigo) impertinente que se ha hecho con él para buscar defectos. Otros mirarán las estanterías de las librerías y dirán que han comprado o han leído los libros.

La Feria del Libro de Madrid continúa con ese *numerus clausus* que permite una "ordenada y segura" —así lo llaman ahora— asistencia. Muchos palmeros hablan de que mejor poco a no tener nada. Aunque lo cierto es que nunca hubo nada, tan solo existía la negación por parte de las autoridades a que la vida y la lectura continuaran su curso "anormal". Nunca han hecho nada ni han dejado hacer algo.

Escribía Cioran que *cuantas más injusticias se han sufrido mayor es el riesgo de caer en el engreimiento y hasta en la soberbia.* Y algo de eso existe.

Con la subida del salario mínimo, cada español podrá comprarse un libro. Pero debe hacerlo antes de la subida, ya que con ese gran importe no les llegará ni siquiera para uno de bolsillo.

Definitivamente nos quieren tontos, nos quieren imbéciles. Y aguantamos con una siniestra sonrisa que no nos lleva a ningún sitio. ¿Quién es capaz de pensar? Cualquier padre o cualquier madre de familia lo hace mucho más que un político. La sociedad se ha vuelto desequilibrada, y a su vez es capaz de apiadarse de los imbéciles; fomenta la corrupción de los listillos.

Unos lloran reclamando tiempo, y otros buscando el espacio que nunca lograrán. *Publicar gemidos, interjecciones, fragmentos..., tranquiliza a todo el mundo.* Esto también es de Cioran.

HISTORIAS

Las *Historias* de Amiano Marcelino tienen mucho de verdad, tanto que al leerlas uno descubre un relato único. La grandeza de la vida radica en la diferencia, en poder escuchar circunstancias diferentes, opiniones diferentes, versiones diferentes, lecturas diferentes, historias diferentes de un mismo acontecimiento. Pero siempre vence la verdad. Todos los relatos deben centrarse en la autenticidad del hecho, no en las circunstancias. Para las circunstancias ya está cada narrador, que aporta su originalidad y su oficio. La verdad solo dispone de un relato, pero nos empeñamos en crear relatos no diferentes, pues se vive bajo la premisa de un falso relato.

Escribía Rilke que *para los creadores no hay pobreza ni lugar pobre e indiferente*. Y es que además de esa "diferencia" que hemos comentado, la historia precisa de la necesidad. En nuestra vida debe aparecer la necesidad de conocimiento, la necesidad de opinión, la necesidad de escuchar, la necesidad de ser libre, a fin de cuentas. Diferencia, necesidad y libertad. Tres términos complejos que reflejan toda la fuerza de la verdad, la sustancia de la vida.

Estos tiempos nos invitan a abandonar las palabras, y sin ellas nunca podremos expresar (o proclamar como diría Cioran) la verdad. Debemos descubrir, necesitamos rendir culto a la sabiduría, ajenos a los estados exteriores, acerquémonos a los estados interiores, aunque para ello sea preciso establecerse en el anhelo de la vida.

Todos tenemos nuestra propia historia, una historia diferente al resto, una historia personal, una historia verdadera. Intentan llevarnos a la guerra con la mentira y con la falsedad, pero solo nosotros podemos desecharlo. Somos diferentes, somos verdad, somos necesidad, somos libres.

La emoción debe dejarse a un lado, debemos ejercitar el pensamiento. Terminamos con Rilke: *Una obra de arte es buena cuando brota de la necesidad.*

EL ALIMENTO

La historia sigue mostrando su fragilidad. Como un gran desconcierto nuestra cultura se agarra a ella para vencer las mentiras, la ausencia de libertad, nuestra propia inseguridad. Pero la cultura forma parte de la historia, es su protagonista. La cultura no precisa de fundamentalismos, ni de engaños, tan solo es el alimento.

Una mañana fría de primavera un gato corrió hasta un niño y le indicó que tenía hambre. El niño tomó algo de comida y la colocó en un pequeño recipiente, la llevó hasta el gran laurel, junto a la hornacina. El gato permanecía a su lado, hacía sus mudanzas y arqueaba el lomo. Se acercó al recipiente y probó el alimento. Pero al poco tiempo acudió de nuevo al niño y volvió a indicarle que tenía hambre. El niño comprobó si quedaba aún comida en la vasija, y vio que aún estaba toda. Cogió un plato y vertió algo de leche, la llevó de nuevo al gran laurel y la colocó junto al alimento. El gato seguía arqueando el lomo y erizando su pelaje, apenas probó la leche y huyó.

El niño había permanecido esta vez a su lado y contempló con sus propios ojos como el gato se marchaba sin tomar nada. No había transcurrido mucho tiempo cuando el gato buscó de nuevo al pequeño. Entonces no indicó nada, observaba al niño y andaba tenuemente alrededor de él, sin prisas, sin sonido, con una elegancia desconcertante. De vez en cuando le miraba, agachaba la cabeza y seguía su danza pausada y circular.

El gato es nuestra consciencia, todo lo que podría haber sido, pero también todo lo que en realidad es. Queremos, pero no agradecemos. Nunca estamos satisfechos con lo que tenemos y deseamos más y más, para acabar teniendo todo, que es lo más parecido a no tener nada.

Dicen que el gato volvió otra vez cuando se cansó de orbitar alrededor de un solo ser, se sentó en la mesa del porche y se puso frente al libro del niño. El niño reconoció el verdadero alimento solicitado. Ambos resolvieron juntos los enigmas.

LA JAULA

Alguien dijo una vez que el destino de la cultura era conquistar la libertad. Creo que fue el compositor alemán Jörg Widmann en el estreno de su *Quinteto con clarinete*. Y nos repetimos eso de conquistar la libertad en unos tiempos convulsos, una etapa de nuestra historia en la que la libertad se pierde por momentos y da la impresión de que ha dejado de tener esa importancia vital, no solo nostálgica e intelectual. Y de la cultura podemos indicar poco, es como si se creara a expensas de esa ausencia de libertad, ausencia de necesidad, ausencia de convencimiento. No sé si estamos convencidos o vivimos en una jaula desde donde nos mostramos, pero a su vez observamos sin atender.

Desde la jaula se debería contemplar el mundo, una sombra infinita que acompaña y estremece. "Vivirás sin nada y serás feliz", eso dicen los listos, aquellos que no leen, los que desesperan por un puñado de esencia, por una insinuación, por un capricho. Y quieren conseguir que sigamos siendo nadie, sin cultura, sin imaginación, sin libertad. Pero tenemos mucho. Desde la jaula se contempla la naturaleza, la tibieza del hombre y sus argumentos vacíos que se acaban convirtiendo en desagravio. Somos naturaleza. Somos libertad. Somos ese conjunto de vidas que conforman la vida, el gran cúmulo de libertad que nos hace infinitos.

Un pájaro es una esencia, su vuelo es nuestra mirada, y el nerviosismo que presenta, a las puertas de la jaula, debe ser entendido como natural. Un pájaro no muestra, un pájaro es esencia, en cambio nosotros lo mostramos todo: la mentira, el estado de ánimo, la realidad de nuestro entorno, aquellas opiniones que no importan a nadie y que importan a todos. ¿Qué es importar? ¿Importamos? Con libertad, con cultura, desde luego, sin ellas, en absoluto. Precisamos ejercitar la imaginación, aunque sea desde la jaula.

No olvidemos que *la imaginación crea realidad*, lo dijo Richard Wagner.

FALSA IDENTIDAD

Da la impresión de que en la mayoría de las ocasiones somos una proyección controlada. Nuestro alcance lo creamos nosotros, al igual que nuestras intenciones. Y perdemos más tiempo en proyectarnos que en leer, por poner un ejemplo gráfico. Actuamos con arreglo a nuestra mente, y dejamos a un lado la consciencia. Y no podemos olvidar que la mente es limitada, y está controlada, y tan solo es el origen del fruto de esa proyección. En cambio, la consciencia es infinita, y se busca y se ejercita bien mal.

Sí, nos gusta proyectarnos, exhibirnos, mostrar nuestras virtudes públicamente para tapar o cubrir nuestras reales carencias. Y, desde luego, perdemos más tiempo en hacernos notar en las redes sociales que en leer. De eso saben muchos los escritores, aunque piensen lo contrario. ¡Qué pérdida de tiempo!

La lectura conecta nuestras ilusiones, nos hace sentirnos vivos, aunque en realidad estemos muertos, porque no olviden que en estos tiempos vivimos muertos, presentándonos como una falsa identidad.

Mientras que un buen libro es un compendio infinito de magia enriquecedora, un sublime encanto, el hechizo y el atractivo infinito de alguien que ha escrito algo para todos, la pérdida de tiempo en enseñar o en mostrar aporta poco a nuestra consciencia. Y no solo se trata de aportar, también está el hecho de engrandecernos, de alimentarnos. ¿O es que usted prefiere permanecer toda su vida enseñando o mostrando?

Escribía Cervantes en *El Quijote*: *Tienen mis deseos por término estas montañas, y si de aquí salen, es a contemplar la hermosura del cielo, pasos con que camina el alma a su morada primera.* Leer, contemplar, descubrir la hermosura o la grandeza de nuestro entorno. ¿A quién queremos engañar si mostrándonos nos estamos engañando nosotros mismos?

Para abandonar la falsa identidad lo primero que debemos tener claro es si poseemos realmente identidad. Pero bueno, ese es otro tema que nos acerca a la *Paradoja* de Teseo. Lo dejaremos para otra ocasión.

VIVIR O MORIR

Eurípides dijo en una ocasión: *¿Quién sabe si vivir no es morir y morir vivir?* Lo cuenta Jámblico. Y en muchos casos parece que estamos muertos. No hay más que hojear la gran mayoría de los estudios literarios que se realizan, repletos de una hermenéutica que, en sí, se distancia de la obra de arte. No sé si es postureo, filología o simple y errónea filosofía, una filosofía que se aleja del arte y con ello se aparta de la realidad. No podemos olvidar que esos estudios están evitando el arte, están huyendo de él con su palabrería. Y ¿cómo podemos denominar a algo que evita a ese todo? Es la interpretación, y desde hace tiempo se interpreta más que se crea. Como diría Pitágoras, se está atizando el fuego con un cuchillo.

La universidad es un claro ejemplo de todo esto que comentamos. Las sesiones de lectura obligatoria han dado paso a la errónea interpretación de unos textos manidos, y ya manipulados.

La lectura debe ser como una inmensa ola, una ola expansiva que nos envuelve y alimenta y, con ello, nos lleva en volandas hacia el arte, hacia la realidad, hacia la verdad. Esa ola deja a un lado la interpretación, y nos hace ingenuos, pero se trata de una ingenuidad certera, la única que precisamos para establecer el respeto, el auténtico respeto por el arte.

La interpretación está llena de criterios, de espacios intermedios, de límites, de posiciones que más que acercar alejan, de citas muchas veces voluntariamente incomprensibles, de interpretación, en definitiva. Interpretar no es crear, por más que se empeñe la filología en decir lo contrario. Crear es, tan solo, dejarse envolver por esa ola y alejar los criterios.

Cioran lo explica muy bien en este texto: *Quisiera proclamar una verdad que me excluyera para siempre del mundo de los vivos, pero solo conozco el sentimiento, no las palabras que podrían expresarlo.*

LUZ

Dudo si sé quién soy o si todo es luz. Digamos que han sido los argumentos o motivos de pensamiento más recalcitrantes durante los pasados eventos. ¿Quién soy en realidad? ¿Todo es luz? Uno puede responder a cualquier pregunta, uno puede no responder y pensar. También se puede limitar a seguir argumentando la lista de libros recomendados. A fin de cuentas, en las pasadas fiestas, los medios aprovechan para hacer "su lista", entre comillas, que es la lista de todos, de todos los medios.

¡Qué triste es nuestro país! Nos limitamos a copiar, a seleccionar títulos como quien resuelve una chorrada, nos conformamos con tan poco que en todos los medios figura la misma lista de libros recomendados, sin argumentar más allá de sus grandezas. ¿Cuándo llegará el momento de elaborar una lista con los títulos no recomendados por nadie? O mejor, ¿cuándo nos atreveremos a decir que tal libro no hay que leerlo por eso y por aquello? Pero seguimos igual que todos los años, con pandemia de gripe o sin ella, los libros del año figuran en todas las listas. Usted dirá que es así por merecimiento propio, pero le indico que si algún crítico ha leído algún libro de esos que aparecen, esa persona en cuestión deja de ser crítico y se convierte en realidad, realidad verdadera.

A las listas de recomendaciones hay que hacerles el mismo caso que a la *veracidad* o, ahora, hay que prestarles tanta atención como a la ausencia de libertad de expresión, algo que está en entredicho. Una verdad siempre es argumento, dos verdades, se convierten en sistema. Y más de dos verdades pasan a ser falsedades, como las listas de libros recomendados. Siga leyendo a los clásicos, es lo que hay que hacer, a lo de ahora, préstele tan solo la atención que merece una lista, y son listas sin luz, listas falsas, listas que nunca, y digo nunca sin saber quién soy, salen del corazón.

NOBEL

El motivo que impulsó a Alfred Nobel a crear los premios que siguen llevando su nombre podría decirse que era honesto, por más que nos cuenten o leamos nunca nos podremos acercar a los fundamentos del inventor sueco, ni a conocer en profundidad sus objetivos reales, o si realmente los tuvo.

Visto lo visto en las concesiones de esos galardones y de muchos otros que aparecen por toda la geografía de nuestro mundo, podemos pedir una reorientación, aunque en estos tiempos es preciso reorientar absolutamente todo, porque todo es un gran fiasco. Desde el fracaso damos paso a la decepción, y ese éxito (entre comillas) siempre será desilusión.

Todos se sorprenden ante la concesión de un premio, y lo hacen con ese ingenuo asombro de una sonada campanada. Pero todos se han presentado a él o han "jugado" a maximizar su candidatura entre los contactos, fieles seguidores y palmeros egocéntricos que si hubieran leído algo tendrían una pizca de justificación.

No existe, desde hace años, un proceder ético, más que invisible en la literatura. Todo se nos presenta como un imperativo categórico que debemos aceptar sí o sí. El mismo valor tiene lo bueno que lo malo. Y como hemos dejado de reflexionar, de igual forma hemos dejado de establecer juicios coherentes y argumentados. En estos tiempos nos rodea la literatura de la imperfección.

La nueva literatura es como un sueño, un enorme sopor cargado de actividades, de recuerdos, de personajes, y aunque todo es irreal nos sentimos protagonistas en él. Unas veces con síntomas de intranquilidad y otras con una paz infinita pero no sincera (no olvidemos que se trata de una simple quimera). Pero cuando despertamos, cuando abrimos los ojos al amanecer, no recordamos nada, absolutamente nada. No nos hemos alimentado de nada.

Como escribió Pavese: *Llega un día en el que solo sentimos hacia quien nos ha perseguido indiferencia, cansancio por su estupidez. Y entonces perdonamos.*

Dicen que un Premio Nobel se entrega a aquellas personas que han generado un "beneficio a la humanidad". Y entonces perdonamos.

EDUCACIÓN

El libro de Maurice Joly *Diálogo en el infierno entre Maquiavelo y Montesquieu* nos deja muchas perlas, pero tendemos a acudir a la fuente real, a Montesquieu, para conocer y enriquecernos de un sobrio talento que molesta, y mucho, a una parte de la población.

Definitivamente Montesquieu no estaba equivocado, podemos estar de acuerdo o no con sus afirmaciones, pero lo que él manifestó, además de su vigencia, lo estamos comprobando día a día. Las sociedades humanas, por sí, no son complejas, las hacen complejas los gobernantes que solo defienden sus intereses, que nunca serán los nuestros. Montesquieu no era ambiguo, y si alguien lo cree, nos parece magnífico, porque tendrá que volver a leerlo.

Si nos referimos a un tema tan delicado como la educación, Montesquieu nos dejó escrito: *En los estados despóticos es cada casa un reino aparte, un imperio separado. La educación que* consiste principalmente en vivir con los demás, resulta en consecuencia muy limitada: se reduce a infundir miedo y a enseñar nociones elementales de religión. El saber sería muy peligroso, la emulación funesta; en cuanto a las virtudes, ya dijo Aristóteles que no cree que puedan tener ninguna los esclavos; lo que limita aún más la educación en esta clase de gobierno. Quiere decir que donde existe el régimen despótico la educación es nula. Es preciso quitarlo todo para después dar algo; hacerlo primero una mala persona para hacer de ella un buen esclavo. ¿Y para qué esmerar la educación, formando un buen ciudadano que tomará parte en la común desdicha? Si se interesaba por la cosa pública, sentiría tentaciones de aflojar los resortes de gobierno: lográndolo, se perdía; no lográndolo, se exponía a perderse él, a perder al príncipe y a acabar con el imperio.

Y sobre la lectura y la escritura también Montesquieu nos dejó escrito muchas maravillas. Una de sus frases más conocidas en estos aspectos es sin duda: *Nunca he tenido una tristeza que una hora de lectura no haya conseguido disipar.*

Muchas son las horas de lecturas que precisamos en estos momentos.

INGENUIDAD

Una librería española, que fuera hace unos años Premio Librería Cultural, manifestó en una red social, muy abiertamente, su opinión sobre esto de la industria cultural y las librerías. Entre otros asuntos se lamentaba de la exigencia de los editores de que sus libros estén presentes en sus establecimientos, se quejaba de la calidad de la edición, manifestaba que eran los distribuidores los que decidían los libros que debe vender una librería, sin dejar opción, en muchos casos, a la libertad del librero; las presiones de los distribuidores, la falta de honestidad, las devoluciones mes tras mes...

A algunos les pueden parecer estas palabras ingenuas, y hasta cierto punto algo nostálgicas. Pero es una realidad que se vive día a día. Nadie mejor que los libreros para conocer realmente qué se vende en su librería, esto para empezar. Que el mal de las librerías son los distribuidores, es algo ampliamente comentado.

Recuerdo a un editor que no dejaba de publicar, más y más, para intentar evitar las cifras negativas de las devoluciones. Claro que este editor entró en la lista negra de todas las imprentas de este país.

Todos tienen sus trucos (o sus tratos), pero estos sí que resultan ingenuos. Pasan los años y aparece Amazon, que asesta un golpe importante al pequeño comercio, y con ello a las librerías. Se buscan soluciones en el gremio y se disparan los gastos de envío. No se puede competir contra un gigante, aunque exista la nostalgia, aunque seamos ingenuos.

Una distribuidora se lleva entre un 50% y un 60% del importe del libro. El autor un 10%. La librería un 25%. ¿Qué se lleva el editor, que además debe hacer una campaña y pagar a la imprenta? Y un 10% para el autor nos parece ridículo.

Tan solo nos hacemos eco de las reflexiones de unos libreros en torno a un mundo bellísimo. Algo que escribieron hace unos días en una red social y que hoy ya no recuerda nadie. ¡Somos tan olvidadizos! Como escribiera Vicente Núñez en un aforismo: *La memoria sabe muy bien qué es el olvido.*

JUSTIFICACIÓN

¿Quién es ese tercero que va siempre a tu lado?, escribía Eliot en *La tierra baldía*.

La traducción que ha realizado Sanz Irles del libro de Eliot y publicada por Olé Libros es magistral, sublime. Es otra lectura de este libro de Eliot, una lectura repleta de intensidad, de musicalidad (como indica Hernández Busto). Hemos disfrutado mucho de este libro.

Pero ese verso inicial de esta columna me ha hecho reflexionar. Como decía Cioran, debemos actuar como si nunca hubiera existido nada. Algo similar le ha ocurrido con su traducción a Sanz Irles. Ha dejado de lado todas las traducciones anteriores para crear una mucho más original y auténtica.

Aunque hay escritores que escriben llevando a alguien a su lado, aquellos que no dan un paso sin divagar y, maquinando en su cerebro de cristal, viendo las posibilidades de su nueva creación antes de haberla escrito.

El mundo literario apesta, pero además de atufar, contagia. Es aquello de escribir para triunfar. Y somos y seguiremos siendo esclavos (esto es de Cioran también). Les pongo un ejemplo visible en todas las circunstancias actuales.

Cuando los miembros de un jurado, que han concedido un premio (o dos) se prodigan afectuosamente en artículos o reseñas críticas sobre el libro galardonado por ellos mismos, mala cosa. Eso hace que uno no tenga ningún interés en leer ese libro en cuestión. El miembro de un jurado, el que ha otorgado un premio, no tiene que escribir sobre el libro galardonado, más allá de esas palabras sin sentido que siempre manifiestan el día de la concesión o el día del fallo.

Como lo indefendible, rebatible y discutible posee poco peso (o ninguno), los miembros de un jurado deben permanecer orgullosos y en silencio tras la concesión del premio en cuestión. Calladitos están más guapos. Claro que, si prosiguen en alabanzas públicas, es que su fallo ha sido impugnable o, mejor dicho, mediante un oscuro proceso donde ha primado el tongo.

España es un país de tongos, de justificaciones. ¿Quién es ese tercero que va siempre a tu lado?

ELOGIO DEL TOMATE

Escribía Gary Snyder (San Francisco, 1930) que *es muy fina la línea entre uso y mal uso, entre reificación y celebración.* Y concluye Snyder: *La línea divisoria está en los detalles.*

Pero ahora algunos se plantean analizar al detalle (en este caso mal detalle) la dimensión ética de los autores, de los artistas. Otros lanzan campanas y elevan a la categoría más sublime lo que denominan (sin sentido, a veces) un gran valor cívico.

Me pregunto por qué no leen a los clásicos, en vez de perder el tiempo en redescubrir aquello que no se puede prodigar. Somos tan ignorantes que creamos lo que ya está creado, decimos lo que ya está escrito, o admitimos lo inadmisible.

Lo único claro en estos tiempos es que el tomate ya no sabe a tomate. Y da igual que sea de Los Palacios, Muchamiel, o de Aretxabaleta. Nos están engañando. El tomate ya no sabe a tomate.

Los últimos tomates que verdaderamente sabían a tomates eran estéticamente feos. Los estudiosos podrían decir que su dimensión estética no era la correcta. Y ya se están metiendo donde no les llaman. ¡Es que hay tantos estudiosos! Y lo que no saben o no dominan se lo inventan. Baste leer alguna reseña de algún suplemento nacional, de esos que no conocen ni la ética ni la estética.

Hay que leer a los clásicos, esos sabios permanentes que nos otorgan un poco más de libertad, un mucho más de esencia, en este falso tiempo donde el sabor del tomate ha pasado a ser un mero recuerdo, pero con unas dimensiones éticas más que considerables.

Recuerdo el texto de Snyder *La mujer que se casó con un oso*, y a propósito de él escribía: *La esposa del oso fue recordada como una diosa bajo muchos nombres. Pero ese tiempo se ha acabado. Los osos están siendo diezmados, los humanos están en todas partes y el mundo verde está siendo desgarrado, arrasado y reducido a cenizas por el avance de un mundo gris que parece no tener fin.*

Los clásicos no son los tomates de hoy día. Y su sabor, su olor, su digestión es y será maravillosa siempre, a pesar del mundo gris que nos rodea.

ATEMPORALES

En España se publican al año tropecientos mil libros. Tal vez nos hemos quedado cortos en la escandalosa cifra. Más del noventa y nueve por ciento de esa mole pasará sin gloria por los anales de la historia, aunque llenen nuestras estanterías. Si añadimos lo que se publica en Europa, o en el mundo, vamos a ser dichosos, no hay papel para tanto libro. Y al final tan solo un pequeño puñado se recuerda, como decía Berlanga: *Lo más jodido de la vida es la pérdida de memoria.*

A esto hay que añadir que los críticos "oficiales", esos que no han leído un buen libro en la vida, se limitan a publicitar (decimos publicitar y no reseñar) aquello que les ordenan a golpe de talonario o de favores personales, regados con una indecencia insostenible.

Hablando de los críticos oficiales, el libro de Natsume Sōseki *Soy un gato* posee muchos párrafos antológicos: *El maestro estaba convencido de que una sociedad con semejantes individuos no podía considerarse aún desarrollada completamente.*

Un escritor no debe escribir para su tiempo, aunque eso le impida estar en los escaparates de las librerías, también le imposibilita aparecer reseñado en los suplementos oficiales de los críticos oficiales, porque, a fin de cuentas, el escritor debe crear literatura atemporal. Y a esa atemporalidad hay que añadirle otro término, el de la universalidad. No escribir para este tiempo, ni escribir para los críticos, o la moda pasajera. Para eso están los tertulianos. Existe tanta similitud entre los críticos oficiales y los tertulianos de los programas de televisión.

Repetimos, la mayoría de los críticos "oficiales" de este país no han leído un buen libro en su puñetera vida. Y decimos aquello de puñetera, porque no saben lo que se pierden. Pueden no estar de acuerdo, qué grande es la libertad, faltaría más, pero en el libro de Natsume Sōseki *Soy un gato* se lee: *Pero había una enorme diferencia entre esa imagen preconcebida y lo que yo contemplaba en aquel momento.*

LITERATURA DE LA FALSEDAD

Escribe Luis Rosales al final de su libro *Teoría de la libertad*: *La libertad es la aptitud del ser del hombre que le permite realizar su autenticidad o renunciar a ella. Este poder de renunciar a sí mismo, de renunciar a aquello que constituye nuestra libertad. Somos libres contra nosotros mismos.*

El mundo está gobernado por mentirosos, por hipócritas compulsivos, por falsedades, por psicópatas. Y la literatura, como parte de la vida, se contagia de ello. En las últimas décadas la degradación social se ha sabido plasmar en el arte. Lo que para nosotros era cultura se ha ido envolviendo de un aura carroñera que ha logrado una aceptación casi general. Cambiamos a los antepasados por la mentira.

Hay falsedad en la literatura, falta de autenticidad. Los múltiples elogios provocan vértigo, la vanidad nunca conduce a la disciplina, y el enaltecimiento personal llega a cansar. Este abatimiento amenaza las obras que desde entonces engañan. La hilaridad no es literatura, es el estado excesivo de la falsa verdad.

En el fondo es la falta de entendimiento de la propia libertad lo que genera esta literatura de la falsedad. ¿O deberíamos denominarla literatura de la inanidad? La literatura ha perdido el concepto de confidencia, y se ha convertido en algo así como la *pseudo-literatura de la archi-incultura*.

El mayor favor que ha recibido el hombre, son palabras de Plinio, es su libertad y, con ella, la capacidad de elección. Lo que se hubiera podido desear se convierte en realidad no cuando se desea, sino cuando se actúa. No nos condenemos antes de nacer. No condenemos a la literatura antes de estar escrita. Somos libres contra nosotros mismos. *Existir es un plagio* (Cioran), y engañar también.

Maurice Joly escribió un libro titulado *Diálogo en el infierno entre Maquiavelo y Montesquieu*. En él, se lee: *¿Qué garantizará a los ciudadanos, si hoy nos despojáis de la libertad política, que no nos despojaréis mañana de la libertad individual?*

EL PRESIDENTE DEL JURADO

La versión oficial se cuestiona. Los verificadores cobran de quien les paga y quien paga dicta su "versión oficial", todo cuanto salga de ahí es falso. Eliminaron el *podcast* de Aarón García Peña porque hay censura en las redes, hay censura en los medios y hay censura hasta en la literatura. Y eso que solo estaba comentando el poema "Los cobardes" de Miguel Hernández.

En España hay un grupo nutrido de editoriales de verdad, auténticas, las que publican literatura. Y esas, también están censuradas. Los grandes grupos pagan y hacen publicidad en los medios, y lo hacen con dinero, con viajes o con publicaciones a los críticos. Lo puede comprobar usted, acuda a un suplemento nacional, o a una revista de difusión, y observe los libros que reseña el crítico de turno, y mire después su bibliografía. Esa editorial favorece con ediciones sus servicios prestados, como esbirro de la mantequilla.

Esto se ha convertido en un mundo de pandereta. Dicen que Bad Bunny es el artista más escuchado en España y el mundo en *Spotify*. Escribía Javier Gomá: *Este dato es extraordinariamente significativo. Ningún análisis sobre el estado actual de la cultura debería ignorarlo. La vulgaridad tiende hoy a lo orgánico, rítmico, instintivo, onomatopéyico, prerracional, atrevidamente opuesto a la noción de cultura como mediación.*

Pero para censura la del presidente del jurado. Ese que escribió una vez un libro digno y ahora marcha tambaleándose por las administraciones, solicitando favores para poder seguir en el candelero. Sus publicaciones actuales tan solo las leen aquellos súbditos que le soplan la gaita, la zanahoria y hasta el rábano. Y con el paso de los años, todos esos súbditos acaban ganando el certamen literario que presidía. Es la literatura de la impostura, de la falsedad. Y el presidente del jurado (hay tantos) es ese ser mitad despreciable, y mitad despreciador de la auténtica literatura.

La concesión de un premio literario debe ser un orgullo para el ganador, un trabajo bien hecho y neutral para los miembros del jurado, y una delicia para el lector. Todo lo demás es mentira.

LO PREVISIBLE

Todo lo previsible nos acerca a la verdad, pero no es verdad. No debemos confundirnos, ni tampoco debemos quedarnos en esa previsibilidad. Por ejemplo, muchos de los libreros de ahora confían más en *Todos tus Libros* o en las distribuidoras que en su instinto de sabiduría, claro que de unos años a esta parte la sabiduría y el esfuerzo han sido eliminados de los planes de estudios, y solo queda lo vulgar, la ignorancia, y todo sin ninguna dosis de esfuerzo. Decía lo del librero porque resulta complicado encontrar un buen libro en una librería, y si está se debe rebuscar entre la basura.

Tampoco es verdad eso tan previsible de que, si un crítico, que además es autor, hace una reseña de un libro, el autor del libro reseñado alaba majestuosamente al crítico no como crítico, sino como autor. En realidad, esa doble vía del rasero rasurado se acaba de convertir en clientelismo.

También es previsible que el crítico de turno, que reseña los libros de la editorial que publica sus obras como autor, comience a publicar reseñas de otra editorial. Tardará menos de una semana en hacerle llegar a la nueva editorial su última creación. Es previsible, pero tampoco es verdad, un hecho simplemente.

En el falso arte todo es tan previsible porque casi todo es falso, y lo previsible es teatro. ¿No han observado el teatro que rodea el mundo literario? Situaciones tan absurdas que determinan cuestiones que desean hacernos creer pero que apenas disponen de fundamento. Y es que el fundamento y el esfuerzo se han eliminado de las escuelas, como la lectura y el sacrificio.

Previsibles también, en el mundo del falso arte, son los dependientes virtuales. Sus vidas se sustentan en un avatar que figura en sus redes sociales, y viven para y por su propia dependencia. Y la dependencia no es fundamento, ni esfuerzo, ni sacrificio, y mucho menos lectura.

Hay que escribir de esas obras que en vida del autor pasaron desapercibidas y ahora son auténticas joyas. Aquí lo previsible ha vencido a la verdad, tal vez sea lo único auténtico. Era imprevisible.

DEMONIOS

La literatura está repleta de demonios, como también lo está el arte en general. Actuamos como si nunca hubiera ocurrido nada y seguimos defendiendo una obra completamente indefendible. Hay una voz de fondo que nos engaña, que nos anuncia que nunca moriremos, que permanecerán las obras, que un simple instante de felicidad es sinónimo de utilidad, de murmullo, de precisión.

Pero somos la Nada. Demasiado ingenuos para prevenir un final evidente. Dejamos la sensatez escondida para evitar protestas, realidades. Somos instintos, demonios irracionales ajenos a la tolerancia. Transmitimos las energías negativas con un entusiasmo casi generoso, lúcido tal vez, pero falso.

La ambición nos impide escapar de nosotros mismos, nos aleja del conocimiento, oscurece la realidad. Moriremos, y nadie recordará nuestras hazañas, ni siquiera los demonios que ahora nos acompañan, los que permanecen a nuestro lado y murmullan nuestra fatiga sin criterio alguno.

En una ocasión un artista defendía la plenitud. Lo hacía imaginando el pasado, reescribiendo el presente, buscando experiencias al futuro. Pero solo existe lo que vivimos, trascender la irrealidad es alimentar el odio, es revelar aquello que consideramos interesante, o libre, o vulgar. Los demonios impiden que entendamos los actos, que observemos la realidad con ojos verdaderos, impiden que la precisión se manifieste como la luz del día o las sombras del ocaso. Somos, tan solo somos, y emitir juicios, morales o no, nos acerca al abismo.

Cirlot escribía de las maravillas, su evasión consistía en encontrar una magia en perfecto equilibrio, sin impulsos malignos. Cirlot escribía con el orgullo de la realidad.

Una sociedad en orden evitaría muchas complicaciones, pero nuestra sociedad está en desuso, en inobservancia permanente. Como la ausencia de criterio, como el estado de locura, como la inconsciencia y el egoísmo. Los dioses no recordarán los versos, ni siquiera uno. ¿Sabemos cuánto valen las palabras?

Escribía Cioran: *Somos y seguiremos siendo esclavos mientras no estemos curados de la manía de esperar.*

EL DÍA

Hoy ha dejado de funcionar internet. No hay internet en ningún sitio. Tampoco hay cobertura móvil. La gran mayoría de las personas se han quedado bloqueadas. No saben qué hacer, ni cómo actuar. Se intenta acceder, se intenta comentar en redes, pero no hay redes, el móvil tampoco funciona, ninguna red social. No hay forma de comunicarse.

Imaginemos por un instante que eso puede llegar a ocurrirnos un día. Pero no se trata de un error puntual, de esos que a las horas o a los minutos restablece la comunicación, no va a volver nunca.

De entrada, el noventa por ciento de los escritores dejarán de ser escritores, piénselo. Lo mismo ocurre con las editoriales, y hasta con los libros publicados. Y no hablemos de los críticos, de esos que esperan o aguardan las novedades, evitando comprarlas para publicar un fragmento en su blog o en su página personal, y dando por hecho que ya ha restablecido el necesario y contundente epitafio de obligatoriedad con el autor. Muchas veces me pregunto si es necesario indicar el estado de ánimo, la satisfacción del momento, qué como, qué leo o qué investigo. O simplemente si en ese momento me estoy tocando los cataplines y lo plasmo en mi red social para determinar que soy el más importante de todos.

¿Se ha preguntado alguna vez a quién importa realmente lo que hace? Desde luego si lo hace, y adquiere muchos "me gusta", es que hay otros como usted a los que les importas un pimiento, porque le importa una lechuga, aunque le indiquen que "me gusta".

El otro día, un editor de provincias muy digno, publicó en Twitter que si alguien pone cinco "me gusta" a una publicación suya (editor) es que queda poco para que le mande un original para su publicación. Y, por experiencia, puedo indicar que con cinco y con menos, o con cinco y con más, es auténtico. Eso es más real que el propio misterio de la creación.

La desaparición de internet, de los dispositivos móviles, aclararía mucho el panorama. Hay escritores que no saben vivir sin ello. Y si no saben vivir sin ello, ¿qué tipo de escritores son? ¿Escriben realmente? ¿Para quién? O ¿para qué?

Los años nos hacen dependientes, de las redes, de la necesidad de comunicación, de la soledad. Los años nos deben hacer dependientes de la lectura, y a ser posible de los clásicos. ¡Hay tantos por descubrir! ¡Queda tanto por leer!

Hoy ha dejado de funcionar internet. Y es para siempre.

ELENCO

En este año que finaliza se podría hacer un elenco de todo aquello que nos ha traído el mundo de la cultura. Por ejemplo, la enorme irrupción de festivales literarios.

Los primeros festivales los hicieron algunos por dinero (vamos a ser sinceros), y ya de paso para traer a la ciudad o al municipio que sea a unos personajes interesantes que de otra manera nunca hubiera sido posible. Pero además los organizadores comprobaron que se conseguían "favores personales", y no pocos. Los siguientes festivales y su irrupción a modo de "boom" ya se hicieron descaradamente para conseguir esos "favores" (amén de algunas perras, que la cosa estaba y está muy mala). Se les garantizaba, por ejemplo, las reseñas de todos los libros de los organizadores o representantes en revistas, suplementos o blogs personales. Bajo la cuerda simple del descaro, los bolos siempre han existido, y un festival, a fin de cuentas, es un catálogo de bolos premeditado. Lo del reconocimiento vamos a dejarlo para otra ocasión, que posee miga con sustancia.

En todo festival siempre están el currito o los curritos de turno que trabajan por algo de dinero, y los rostros visibles e impenetrables que en los meses o años posteriores acabarán publicando libros gracias a aquellos que trajo, trató, pagó y alimentó a cuerpo de reyes. La cultura se ha prostituido, para qué vamos a engañarnos o a estafarnos, si es la verdad. Pero esta cultura, nunca la auténtica.

Lo dinosaurios, jubilados y viejas glorias están presentes en la mayoría de esos festivales, y se suelen acompañar de jóvenes promesas con cierto "poder" mediático. Un festival es un "circo mediático" financiado.

En 1965 consiguió el Premio Planeta un tal Rodrigo Rubio, hoy desconocido más allá de las fronteras de su Montalvos (Albacete) natal. Lo hizo con un libro muy digno: *Equipaje de amor para la tierra*. Hoy el Planeta, dentro del elenco que comentamos es otro circo mediático.

Nuestra sociedad se desmorona, y gran parte de la culpa de esos efectos la tiene la educación,

o la falta de educación. Se empeñaron en educar por competencias y abandonaron el rigor o
el esfuerzo. Si había cosas que funcionaban se
encargaron de destruirlas. Siempre decía que el
político se debe dedicar a lo suyo, ahora comento
que el político se debe marchar del país, y cuanto
antes mejor, que ya está siendo tarde.

ERA EDUCACIÓN Y ERA VOCACIÓN

Leímos una noticia que salió a la luz, con pompa y circunstancia, sobre un profesor que abandonó la enseñanza por las continuas faltas de respeto de los alumnos. Nada nuevo bajo el sol. Para el que no lo recuerde, España lidera las tasas de abandono escolar de la Unión Europea, entre otros muchos datos fulminantes.

El profesor en cuestión, Ángel María Fernández, ha publicado recientemente el libro *Había del verbo a ver. Diario del instituto*, donde relata las inclemencias de su paso por las aulas, y otorga a la obra un tono llorón y peyorativo de su trabajo como profesor. Uno puede sacar la conclusión de que todo en el aula es malo, o diciéndolo con más propiedad, su experiencia es muy negativa y no relata momentos felices o de gozo durante su ejercicio.

Veamos. Algo que hay que tener muy claro siempre, es que el conocimiento otorga felicidad, más felicidad diría. A más conocimiento, mucho más felices podemos ser. De ahí que el fomento a la lectura, la comprensión lectora, y otros muchos planes y proyectos, o simplemente actividades enfocadas al conocimiento, resulten provechosas, y desde luego, nos enriquezcan en felicidad, que no es poco.

Siempre defendemos la lectura, y mucho más a la edad escolar. Todo lo que ganemos en esos tiempos, nos hará más inteligentes y más felices. Está claro que los planes de estudio actuales ni promueven ni fomentan la cultura del esfuerzo, y el hecho en sí de leer, además de ser un placer elegido libremente, precisa de un esfuerzo del que debemos ser conscientes para ser consecuentes.

Las faltas de respeto son una falta de educación, pero el abandono o la marcha del puesto de trabajo educativo se debe a dos factores fundamentales. El primero es que la vocación no se había consolidado muy bien, o nunca había existido en realidad (no queremos hablar a la ligera, desconocemos la vocación de cada persona). Y la segunda es la falta de apoyo de las administraciones a la comunidad educativa, ya sea por parte de los inspectores, de los teóricos, o de los esbirros de la Consejería que más que apoyar, complican el día a día de un docente en su puesto

de trabajo. Y esto último lo hacen con instruccio-
nes, órdenes o decretos que no entienden ni ellos
mismos, pero suenan bien y deben rellenar el
currículo, un ejemplo, la que tienen liada con las
Situaciones de Aprendizaje. ¿Qué hacemos para
que el alumno no abandone o para que el docente esté gratamente satisfecho? Ese es el problema
al que no quieren dar solución.

LIBERTAD

Somos lo que sabemos o acaso somos lo que permitimos. Buscamos el origen de la verdad y descubrimos que sin verdad no puede existir la mentira. Por eso pretenden que cambiemos la narrativa, o lo que es peor, no dejan que se cambie su falsedad.

Pude ver hace unas semanas un anuncio que habían elaborado las asociaciones de televisiones, junto a las asociaciones de medios de comunicación. Y el anuncio disponía de un texto realmente sublime: "7 de cada 10 personas se han creído alguna vez un mensaje o vídeo que resultó ser falso". Si este hecho lo unimos a que el Parlamento Europeo ha presentado una propuesta de reglamento para elaborar la futura Ley Europea de Libertad de los Medios de Comunicación que permitirá a los Estados de la UE vigilar a los periodistas, miembros de sus familias, así como a las redacciones, en caso de que se nieguen a revelar sus fuentes siempre que esté justificado por "una razón imperiosa de interés general", de lo contrario, se prohibirán estas injerencias, y "por razones de seguridad nacional" podrán instalar programas espías en sus dispositivos o en las redacciones.

Veamos, el calificativo de falso o verdadero es otorgado por agencias de verificación que en sí no son verificadas, tan solo se limitan a cobrar del Estado. Y si algo dicen que es falso, no dude que, en la mayoría de los casos, será verdadero, y lo digo por su "interés general".

No hay nada más necesario que la libertad, la libertad de opinión, la libertad de información, la libertad de creación. Decía Luri que debemos centrarnos más en lo evidente, ya que lo tenemos delante y no lo vemos. Y lo evidente es el sentido común, ajeno a las empresas verificadoras, a los anuncios pagados con subvenciones públicas, y ajeno a las futuras leyes de censura. Porque en el fondo todo trata de censura. Si te alejas del discurso oficial, dejas de ser oficial. Si intentas contrastar las fuentes dejas de ser igualmente oficial.

A este paso van a crear una futura ley que regule la creación de los autores, la música de los músicos o la pintura y la escultura de los artistas, y lo harán por "imperiosas razones de seguridad nacional". A eso que dicen que "para lo importante confía en los profesionales", le indicaría "para lo importante confíe en lo evidente y en su sentido común (si es que no lo ha perdido ya)".

PERFORMANCE

El Museo Nacional Thyssen-Bornemisza lleva a cabo en 2023 la segunda edición del ciclo de *performances* "Visión y presencia", un ciclo que busca dar visibilidad a las mujeres creadoras, e incluye diez acciones inéditas creadas exclusivamente para escenificarse en distintos espacios del museo a lo largo de todo ese año.

Según indica el propio Museo: *Los temas elegidos trasladan cuestiones del presente que aportan una nueva visión y misión, centrada en asuntos sociales como la igualdad de género, la memoria histórica, la diversidad racial, la preocupación por el cambio climático o la relectura de la historia del arte desde una visión más igualitaria.*

Y además del Thyssen, también hay otros ejemplos, como el Festival de Poesía Latinale del Instituto Goethe. Vamos que ahora el arte es el *desarte*, o el desastre.

Pobre Chitarroni (Luis Chitarroni falleció el pasado 17 de mayo de 2023), cuánta razón tenía cuando hablaba de que *El país que más me interesa es el pasado*. Cuánta razón. Nos hemos vuelto un poco gilipollas. Validamos lo que no tiene valor y enterramos lo que realmente importa, o vale, o dice algo. Pero así es la historia, o la falsa historia.

Esa eternidad, un poco clásica, que defendía Chitarroni es la que interesa. Exclusivamente. Y no sirven los experimentos al más absoluto absurdo, ni las extravagancias. Por más que este escritor, lento en reflexión —como a él gustaba definirse—, era muy extravagante. Pero hasta para ser extravagante había que tener clase. Hoy la clase nos la pasamos por el forro de la literatura, de las segundas ediciones, de las ferias de libros, y hasta de las *performances*.

Este iluminado fue capaz de abrirnos los ojos a aquellos que queríamos que nos los abriera, y de cerrarlos aún más, a aquellos que decidieron, libremente, mantenerlos cerrados para siempre. Porque una obra de arte es un complemento crítico a la vida, una fórmula para enriquecer y para valorar nuestros propios principios. Una obra de arte es una obra que nunca pasa de moda, porque no está creada ni para las modas ni por las modas.

El artista debe de ser un nostálgico, un nostálgico de la eternidad, con aporte crítico, con visión crítica, con cuerpo de lecturas y sentido común. Simplemente. DEP Luis Chitarroni.

RESEÑISTAS

Había dudado, y mucho, si titular esta columna "Reseñistas" o "Presentadoristas", en realidad se trata del mismo personaje. Ese ser triste y de rostro argumentario, que igual escribe una reseña laudatoria en demasía o realiza la presentación de un libro, que previamente ha reseñado en grado de alabanza mutua, vulgarmente conocido como "peloteo de interés".

Son seres sonrientes, agradecidos, siempre tienen la palabra justa y el calificativo adecuado, preparan su rostro, sacan su chuleta (también sirve el *post-it*) y enumeran uno tras otro los elogios como si fueran justificaciones. Y una justificación puede ser real o envidiosa. Escribía Séneca que proporcionalmente al número de los admiradores crece el de los envidiosos.

Generalmente entre estos seres aquello de la "titulitis" también ocupa un valor fundamental, a ver quien posee la bibliografía más amplia, esa que ocupa las dos solapas y la contraportada de un libro, aquella que no se lee nunca, aquella que desaparece con tu propia muerte.

Debemos darnos cuenta de que este tipo de actuaciones hace que se abandone la esencia de la persona en sí, creando unas falsas expectativas que no se cree ni el más pintado. Una persona no es más persona por sus cargos, por sus premios, por su nota bibliográfica, por sus títulos, por las reseñas que recibe. Tampoco es mejor autor por ello (de eso saben bien aquellos que fueron un instante y dejaron de ser en el mismo instante). Una persona es persona tan solo por sus actos y, desde luego, los actos laudatorios pasan desapercibidos muy pronto.

Cuando ocurre algunos de los aspectos que aquí comentamos siempre acudimos al motivo principal del hecho en sí: editorial conocida que publica sus libros, próxima petición a editorial, favores personales, engreimiento, hoy por ti y mañana por mí —pero en los mismos términos—, e incluso, creerse que es el nuevo Menéndez Pelayo de la literatura, por decir algo. Pero en realidad hay que agradecerlo todo, sobre todo si eres el protagonista de un día, de una tarde o de una noche. Fíjese, protagonista en todos sus términos. Cuando las cosas se hacen de verdad sobran las adulaciones.

Ahora se habla mucho, en diversos medios, del debut narrativo de algunos poetas, pero este es otro asunto que requiere dedicación, a fin de cuentas, la literatura no es eso. Y fíjense, si tienen ocasión, que estos que hacen su debut narrativo después de haber pasado por otros géneros, también poseen un rostro argumentario, les suele hacer falta para el desenlace.

RESTRICTIVOS

Lo de la poesía actual es como lo de las vacunas, o como lo del clima. Te la quieren meter por los ojos y en todas partes, en festivales, en escaparates, hasta hay poetas que se tiran dos días leyendo sin parar y acaban agotados, pobrecitos. Claro que también hay poetas renegados que dicen que el género está muerto para así justificar su paso a la narrativa, que vende más y otorga más reconocimiento y privilegios.

Uno toma un libro clásico, de esos de toda la vida, y ni se cansa ni reniega de él. Será por eso que ahora se empeñan en prohibir algunas obras como *1984* o *V de Vendetta*, o en reescribir los libros de Agatha Christie, o los de Roald Dahl, o las novelas de Ian Fleming.

La sociedad se ha vuelto imbécil. El derecho a la información es un pilar fundamental del derecho a la libertad. Pero claro, no de la información que te cuentan, sino de la información real que se intenta ocultar por esas categorías a las que unos las llaman buenismo, otros pacificación, y esos que dicen ser los inteligentes, lo que hacen en realidad es intentar volvernos tontos. Los restrictivos deben desaparecer de nuestra mente, de nuestro entorno, de nuestras generaciones. Y si no eres restrictivo no triunfarás para ellos, que en el fondo es triunfar para nadie.

Hay que rebelarse. Y la mejor forma de hacerlo es seguir leyendo a los clásicos, desde luego en su versión original, sin totalitarismos ni falsas democracias, sin globalismos, sin progresismos. Aceptando lo real como real, pensando, tomando decisiones, ejercitando la libertad.

Se eliminan párrafos completos de libros clásicos y se añaden textos falsos a los libros escolares, o a los universitarios, como queriendo modificar o vigilar aquello que leemos. La cultura de la cancelación es la falsedad de la generación *Woke*. No existe nadie más dormido que aquel que se acoge a este término.

Aquello que pensabas que podía, no puede, no se sustenta. Y lo que creías que era poesía (o literatura, o arte), al final ha caído, no se sostiene por sí mismo. Opinemos y leamos, y si hace falta en voz alta y sin complejos, que a los imbéciles les va quedando poco.

SOLAMENTE

Ya quisiera la RAE, en estos tiempos, parecerse a las librerías; vuelve a perder el crédito, o el descrédito. La ilusión de algunos por la vuelta a la tilde no es comparable a la ilusión de otros por esas presentaciones desorbitadas donde el presentador debe ser más protagonista que el autor. Su inmenso discurso interminable aburre hasta a los acentos.

Recuerdo ese "Se servirá una copa de vino español", modificado ahora por el vermú de turno. Los que indican que acuden, pero nunca se presentan. Los que dicen que van a fumarse un cigarro y ya no vuelven a entrar. Los pelotas, los indeseables, los que no saben qué hacer hasta el último momento, y acaban en la puerta para, al final, darle un abrazo al protagonista y decirle al oído: "Has estado magnífico", ya se han justificado.

Una librería es una auténtica delicia, y debe seguir siendo así. No deberían tener libros para los inertes, esos que se juntan en torno a una editorial que otorga privilegios. Todo, en el fondo, es cuestión de inteligencia; inteligencia y lucidez. La ineptitud de algunos, y su eficacia o ineficacia, conforman el fondo presente y futuro. Pero siempre hay que defender a una librería, ya sea de viejo, con libros antiguos y clásicos, o de fondo. También existen las honrosas excepciones, maravillosas siempre.

Esto ya no va de acentos, esto va de entretener a los ciudadanos con gilipolleces, mientras asistimos a una decadencia moral y social donde dan igual las librerías, las presentaciones, y hasta las tildes. Fíjense que todo parece un sueño, y en el sueño pensamos el mundo que le estamos dejando a nuestros hijos, o los libros que le estamos dejando a nuestros descendientes.

Se habla más de resiliencia que de Dostoyevski. ¿Y qué es la resiliencia? Pues, la nueva Selectividad, que hará más incultas y peores personas a nuestras generaciones futuras. Todo es clientelismo, en el fondo todo es cuestión de pasta. Si la RAE quisiera podría hacer mucho por los que vienen detrás, a los que estamos aquí tan solo nos entretienen con banalidades. Solamente. Aquí está la clave.

VENTAS Y DEBUT

Ya no saben qué hacer para vender un libro. Pero un libro de los de verdad. Para que un libro se venda, sin florituras ni artilugios, el libro debe ser bueno, simplemente. Los libros malos no se venden, se adquieren para seguir acumulando ignorancia, y ahí radica su éxito. Si en el fondo nos quieren tontos, imbéciles que leen basura (o que no leen nada).

Efectivamente el pueblo sigue leyendo basura. Y la mayoría de los editores (sobre todo los comerciales) lo saben y lo implementan. Se ponen de moda las antologías porque el editor piensa que, con varios incluidos, cada uno adquiere un número de ejemplares y entre las presentaciones en distintas provincias y demás, ya tienen la edición vendida. Pero la realidad es otra. Los autores prefieren que les regalen los libros. Una antología puede ser, en estos tiempos, lo menos literario del mundo. *Allí donde se queman los libros, se acaba por quemar a los hombres*, escribió Heine.

Otra de las cuestiones que tienen en la cabeza los editores son los inéditos. ¡Oh, un inédito! ¡Un inédito de Juan Ramón! ¿Otro inédito de Juan Ramón? Si Juan Ramón levantara la cabeza. ¡No lo toques más, que así es Juan Ramón!

Alexander Lernet-Holenia (1897-1976) uno de los escritores austriacos más reconocidos de su época, siempre prefería considerarse un poeta, y así lo manifestaba. Incluso publicó sus primeros poemas bajo el auspicio de Rilke. Pero su suerte (o su desgracia) hizo que fuera por sus obras narrativas por las que se le reconociera: *Aventuras de un joven caballero en Polonia* (1931), *Yo fui Jack Mortimer* (1933), *El estandarte* (1934), *El barón Bagge* (1936), *La resurrección de Maltravers* (1936), *Marte en Aries* (1941) o *El joven Moncada* (1954).

En los últimos tiempos estamos asistiendo al debut narrativo de muchos poetas, sobre todo féminas. Ahora resulta que debemos aguantar, con un cierto estoicismo revenido, una nueva creación en prosa que dice lo mismo o menos de aquella creación que pasó desapercibida a los ojos de la literatura, pero que caló, con cierta honra, en todos aquellos ignorantes que no han leído un clásico en su vida. La cosa va de debut, de debut narrativo de esos creadores de otros géneros que desean llamar la atención por falta de intención. *No es preciso tener muchos libros, sino tener los buenos*, escribió Séneca.

Lo del Planeta, mejor no hablar de eso. Ya ni se esconden, y no merece la pena en absoluto. Al final, la literatura no era eso.

DEGRADACIÓN

Andan muy contentos en mi tierra por la concesión de las Banderas de Andalucía, en concreto por esas que se hacen llamar de las Ciencias Sociales y las Letras, y que otorga la Junta de Andalucía. Con ellas se trata de reconocer los méritos, acciones y servicios excepcionales o extraordinarios realizados en beneficio de cada provincia por personas físicas o jurídicas, grupos o entidades. La de Sevilla ha recaído en Blue Jeans, o lo que es lo mismo, en Francisco de Paula Fernández González.

Le faltó poco a la Feria del Libro de Sevilla para difundir entre sus redes tan magno acontecimiento. Con una felicidad desbordante manifestaban su alegría, su admiración, y acompañaban la noticia con esas interminables instantáneas de firmas de libros multitudinarias. Cuando en una feria del libro observes una cola inmensa piensa que al final, en el stand, se encuentra un Blue Jeans de la vida, o lo que es lo mismo, un *woke*.

El término *woke* tiene su procedencia como vernáculo afroamericano, y significa despierto, consciente, no dormido. Pero fue a partir de los años treinta del pasado siglo cuando comenzó a utilizarse para describir los movimientos de justicia social de izquierda. Esa sensibilidad, que está muy bien si es correcta, ha conseguido que sus seguidores se vuelvan carajotes, dependientes, y hasta, en la mayoría de ocasiones, han dejado de tener su propia identidad.

Son esos "despiertos" los que están más dormidos, sin importarles lo que ocurre a su alrededor se manifiestan preocupados por lo que ocurre alrededor falsamente. Es como una gran evasión, un signo de esta degradación que nos rodea en esta nueva Edad Media.

Ya quisieran los *woke* ser esos bufones y juglares que aparecían en *El Séptimo Sello*, esa gran película sueca de 1957, escrita y dirigida por Ingmar Bergman.

Pero por encima de todo, desde aquí queremos dar la enhorabuena a Blue Jeans, o lo que es lo mismo, a Francisco de Paula Fernández González.

KAFKA

Iba a dedicar esta columna a explicar un poco el término "generación", aunque en el fondo lo que pretendía era razonar, o aclarar, o desembrollar lo que apareció publicado en el suplemento cultural de *El País* el día de Reyes, y que firmaba Jesús Ruiz Mantilla. Pero me he puesto a leer los diarios de Kafka y parece que se ha empeñado en dejármelo todo transparente. El 25 de diciembre de 1911 Kafka escribió en su diario: *Faltan personas coherentes y por eso no hay acciones literarias coherentes.*

Algunos, incluido el señor Ruiz Mantilla, se han obsesionado en confundir lo mediático con la literatura, por no hablar del término "generación", y mucho menos la del 27, que posee segundas filas con más categoría que los primeros espadas. Pero como escribió Kafka el 22 de octubre de 1921: *Un experto, un especialista, uno que sabe de lo suyo, un saber que, desde luego, no puede ser comunicado, pero, por fortuna, tampoco parece ser necesario para nadie.*

Escribe Ruiz Mantilla que en esta generación (el nuevo 27 anuncia en titulares) *sus signos distintivos son el eclecticismo y el panhispanismo.* Kafka escribió en su diario el 28 de enero de 1914: *Ya es hora de que la seriedad y la honestidad se enfrenten a la charlatanería.*

Lo cierto es que, recordando la columna anterior, el suplemento cultural de ese medio donde ha aparecido con vítores esta nueva generación (*con la misma fe*, indica el autor del texto), en estos momentos posee menos credibilidad que un libro de Paulo Coelho. Kafka escribió en su diario el 26 de agosto de 1911: *Su imposibilidad demostrada por un carro de campesinas que pasaba.*

Kafka escribió el 25 de diciembre de 1911: *La sola existencia de una literatura que no se desarrolla especialmente a lo ancho, pero que lo aparenta a causa de la escasez de talentos importantes.* Y a pesar de todo, Kafka escribía el 11 de marzo de 1915: *Y, sin embargo, esperanza.*

LECTORES

Lo que más me apasiona de los últimos años es que a los suplementos y a las revistas literarias nacionales muy pocos lectores hacen caso. Y los que lo hacen se suelen acercar porque aparecen en ellos, o en su defecto, porque son carajotes. No hay nada menos recomendable que un suplemento o una revista literaria nacional para comprobar el estado de nuestra literatura. Si realmente desea conocer el pulso de las letras debe leer los libros, o acudir a un suplemento de provincias, que ofrece un panorama mucho más real y verdadero.

Hay suplementos y revistas nacionales que publican lo que les manda exclusivamente la editorial de turno, para dar crédito a una obra indefendible, pero que debe ser justificada de alguna forma.

Decía recientemente un amigo: *La verdad es que cada vez más el mundo literario nada tiene que ver con la Literatura auténtica, existen autores con sus cosas y sus manías, pero con pensamiento detrás... Lo otro, casi es peor que el analfabetismo porque es querer y no poder, por vagancia, egoísmo, vanidad y marketing.*

Pero este buen hombre también añadía algo interesante entre sus palabras: *Apenas hay lectores, la Literatura agoniza, ya no se compran libros con entidad.*

Seguimos con cautela nuestra conversación hasta llegar a un extremo algo peligroso, la IA. Él afirmaba que la IA no va ayudar al conocimiento, lo va a cambiar, no sabe si para mejor o para peor, pero ya está desvirtuando lo que hasta ahora hemos llamado conocimiento. Hay muchos autores que utilizan la IA en sus creaciones, muchos más de los que usted cree. Y lo hacen por inseguridad, por desconocimiento o como simple anécdota literaria (pereza, novelería, pelotazo). Y así le va a la literatura.

Apenas se lee, y apenas se venden libros. Había librerías que vivían de los libros infantiles, pero ya no nacen los niños que nacían antes. La pescadilla que se muerde la cola y un puñado de autores regocijándose de la reseña que le han publicado en el suplemento nacional, sin interés para la auténtica Literatura. Hacen falta lectores.

LO EVIDENTE

Todos esos particulares mercenarios que el pueblo llama sofistas, y que juzga que las lecciones que dan son opuestas a lo que el mismo pueblo cree, no hacen otra cosa que repetir a la juventud las máximas que el pueblo profesa en sus asambleas, y a esto llaman sabiduría. Este es un texto de *La República* de Platón. Pero el filósofo prosigue: *Conformándose en sus juicios con el instinto, llamando bien a todo lo que le halaga y causa placer, y mal a todo lo que le irrita, porque no sabe la diferencia esencial entre lo que es bueno y lo que es inevitable.*

Quiere Europa, y España por ello, y el mundo diría, que todo aquello que se aleje del discurso oficial (que en grandes rasgos suele ser falso y creado para conveniencia de los gobernantes) se censure. No hay nada más molesto para ellos que escuchar la verdad, y que esa verdad sea real, y desde luego diferente a la falsedad que quieren transmitir.

Se está perdiendo el norte a pasos agigantados. Unos intelectuales (o que se han autodenominado *intelectuales*), defienden el voto a tal, otros lo defienden para cual. La libertad ideológica debe ser eso, libertad, por ende, la cultura y el arte están muy por encima de todo aquello. La intelectualidad agoniza, debido al partidismo, y abandona su universalidad.

Mientras tanto, en nuestro país tenemos mala suerte con la elección de los ministros de Cultura. Ministros y ministras de bajo nivel y con perfil bastante tosco, que suelen vociferar al comienzo de su mandato, y guardan silencio eterno al final del mismo. Por no decir que tanto a ellos como a los que los han elegido, la Cultura les importa un pimiento. En caso contrario no se entenderían esas elecciones de imbéciles que acaban creyéndose mandatarios de su puesto.

Todo, lo primero y lo segundo, solo se entiende cuando descubres que unos y otros tan solo van a sacar tajada y establecer una posición falsa. ¡Qué pena de Cultura!

VERDADERAMENTE MAGISTRAL

La obra de Antonio Carvajal es verdaderamente magistral. La edición de Francisco Silvera en Letras Hispánicas que lleva por título *Nos diferencia el cuerpo* es un gran corpus antológico para que aquellos que amamos la obra de Carvajal podamos seguir disfrutando de ella, y también para que todos los que aún no se han acercado a su poesía, puedan enamorarse.

El primer libro que leí de Carvajal fue *Serenata y navaja* (1973), allá por los años ochenta. De ahí pasé a *Tigres en el jardín* (1968). Su obra iba creciendo. A través de un silencio y de una soledad inteligentes, el autor nos iba ofreciendo entregas sin hacer ruido, de esa forma verdaderamente magistral.

En estos tiempos de degradación intelectual, basta acercarse por un momento (más no hace falta) a la gala de los Goya, hay que leer mucho a Carvajal para descubrir la verdad, para dialogar con nosotros mismos, para sobrevivir al orden, para compartir el tiempo con el silencio. Cuántos falsos intelectuales hacen un ruido mediático que no nos acerca a ningún sitio. Escribía Cioran: *¿Cómo saber si estamos en lo cierto? El criterio es simple: si los demás nos hacen el vacío no hay ninguna duda de que estamos más cerca de lo esencial que ellos.*

Silvera en la introducción, además de hacerse eco del análisis de la obra del poeta de Albolote, destaca entre líneas (y lo confiesa en la conclusión final) dos aspectos fundamentales en la obra y la vida de Carvajal. El primero lo denomina "soledad literaria". El segundo es un deseo: la difusión y la justicia a la obra del poeta. Siempre es un placer acercarse a la obra de un autor puro, estamos tan faltos de pureza (aunque para ello debamos conocer y comprender el término "pureza", que no es otro que el de "dulzura").

Escribía Cioran: *Cuando se sabe lo que las palabras valen, lo asombroso es intentar enunciar algo y conseguirlo. Hace falta, eso sí, una desfachatez sobrenatural.* O lo que es lo mismo, Carvajal es verdaderamente magistral.

Si, por ventura, llegares a conocerle, dile de mi parte que no me tengo por agraviado: que bien sé lo que son tentaciones del demonio, y que una de las mayores es ponerle a un hombre en el entendimiento que puede componer y imprimir un libro, con que gane tanta fama como dineros, y tantos dineros cuanta fama; y, para confirmación desto, quiero que en tu buen donaire y gracia le cuentes este cuento: "Había en Sevilla un loco que dio en el más gracioso disparate y tema que dio loco en el mundo".

CERVANTES

ÍNDICE

■ ■ ■ SE ACABÓ DE IMPRIMIR ESTE LIBRO EN LA IMPRENTA KADMOS DE SALAMANCA, EN EL MES DE JUNIO DE 2024 ■ ■ ■

Colección LEVANTE
Otros títulos publicados en esta colección